读懂心理学

[美]詹姆斯·马克·鲍德温——著　　孙芊芊——译

psychology

地震出版社
Seismological Press

图书在版编目（CIP）数据

读懂心理学 /（美）詹姆斯·马克·鲍德温著；孙芊芊译. -- 北京：地震出版社，2021.6
ISBN 978-7-5028-5297-9

Ⅰ.①读… Ⅱ.①詹… ②孙… Ⅲ.①心理学 Ⅳ.① B84

中国版本图书馆 CIP 数据核字 (2021) 第 075919 号

地震版　XM4679/B（6061）

读懂心理学
［美］詹姆斯·马克·鲍德温　　著
孙芊芊　译
责任编辑：王亚明
责任校对：李肖寅

出版发行：地 震 出 版 社
北京市海淀区民族大学南路 9 号　　　　　　　邮编：100081
发行部：68423031　　68467991　　　　　　　传真：68467991
总编室：68462709　　68423029
证券图书事业部：68426052
http: //seismologicalpress.com
E-mail: zqbj68426052@163.com

经销：全国各地新华书店
印刷：北京柯蓝博泰印务有限公司

版（印）次：2021 年 6 月第一版　2021 年 6 月第一次印刷
开本：710×960　1/16
字数：146 千字
印张：12
书号：ISBN 978-7-5028-5297-9
定价：48.00 元

版权所有　翻印必究
（图书出现印装问题，本社负责调换）

快乐情绪对面部表情的影响

自上而下分别是同一个人在平静时的微笑、自然微笑以及电击肌肉时的微笑。

前言

Preface

我试图保持本书行文的简洁性。然而，想要保持行文简洁谈何容易，即便是在阅读本书插图的图注时，读者也需要思考一番。如果为了行文简洁而让本书涉及的心理学问题过于入门和基础，我认为只会适得其反，倒显得虚假了。

在本书的准备过程中，我有幸节选了早期书籍和文章中一些比较通俗的段落。这么做是有必要的，因为有些读者不愿意只看到作者自说自话。当然，也没有必要为了避免重复而刻意追求新意。心理学这门学科内容繁杂，如果有人出版更苛刻和难解的东西，并且认为他确实有话要对更多读者讲，那么让他以更简洁的方式说话似乎也不无公平，即使他所说的难免被指责有老生常谈之嫌。

非常感谢下列杂志允许我援引其内容：《科普月刊》*The Popular Science Monthly*，《世纪杂志》*The Century Magazine*，《内陆教育家》*The Inland*

Educator；与此同时，还要感谢麦克米伦公司和阿普尔顿环球百科全书。

至于本书的范围和内容，我的目标是，针对每门重要的心理研究学科，清楚说明其研究方法和结果，让读者对当前的心理学研究有明确清晰的认识，并激发出他们更多的兴趣。在材料选择上，我坦诚地以我自己的经验为依据，并在有争议的问题上给出自己的观点。这样不仅能为读者提供几个心理学主题的梗概，也避免了权威的讨论和引证，使这几个主题具有更大的现实性。同时，在一般原则的阐述中，我一直努力保持使用心理学公认的真理和术语。

值得注意的是，本书在几个段落中提及进化论在心理研究中的应用，受篇幅限制，有关这一伟大理论的探讨无法展开。但在我看来，支持这一理论的证据与生物学中的证据几乎相同，同样具有说服力。在生物学中，这一观点已被作为科学解释的前提。到目前为止，从不受欢迎的程度来看，无论是从科学知识还是从哲学理论的角度来说，我都认为心理学中的进化论完全可以与生物学中的进化论相媲美。心理研究中的每一条法则，都增强了我们的信念，即宇宙由心理运行。所谓的概率，曾经是站在自然选择背后的"转向架"，现在也用概率定律来说明机会的缺失。正如皮尔森教授所说："我们认识到，现在对概率的定义与过去完全不同……我们要通过随机分布来理解符合规律性的概率分布，可以为所有实际目的进行严密研究与预测。"如果宇宙怀有目的，正如我们所期望的那样，为什么这个目的不能通过进化法则发挥作用？如果可以依凭进化法则，为什么不可以依据概率定律？我们通过对概率定律的了解和使用来供养子女；在大部分生活事务中，我们为子女未来的福祉打算，都是基于对概率定律的认识。谁会否认创造宇宙并供养人类的伟大目标中存在着类似法则？

本书结尾部分罗列了各种英文书籍参考文献，以英文首字母分类。这些书籍将进一步启发读者，如果你们坚持不懈，有朝一日，也会成为心理学家。

詹姆斯·马克·鲍德温

1898年4月于普林斯顿

目录
Contents

第一章　心理学概述　/　001

第二章　内省心理学——心理的共同点　/　007

第三章　比较心理学——动物的心理　/　019

第四章　儿童心理学——儿童的心理　/　039

第五章　生理心理学——心理疾病——身体与心理的联系　/　075

第六章　实验心理学——如何开展心理实验　/　091

第七章　暗示与催眠术　/　111

第八章　教育心理学——心理训练　/　125

第九章　社会心理学——个体心理与社会　/　149

第十章　天才及其环境　/　157

参考文献　/　172

第一章
心理学概述

心理学是关于心灵的科学。和其他学科旨在研究它们所关注的主题一样，天文学是关于天体的科学，地质学是关于地球的科学，生理学是关于人体的科学，心理学旨在研究有关心灵的全部内容。当我们想探究心灵时，正如心理学研究所做的那样，我们应该首先了解一些普遍真理。人们历经许久，发现了这些真理，而我们现在不需要大量解释就能了解它们。可以说，这些普遍真理对本书来说非常初级，本书要解决的问题首先是如何定义本书所讲的主题。

第一个真理是，心理不是人类所独有的，其他生物也有心理。心理学不再像以前那样局限于人类的灵魂，也不再否定动物在心理学中的地位。我们无法找到证据证明动物不存在心理，也无法讲清心理和生命出现的先后问题。有人会问："心理有多重要？"我们必须回答："心理一直很重要"这就是我们肯定的回答。而且所有动物都拥有与心理相关的一些行为。当然，正如探查所有自然真理一样，查明动物拥有心理这个事实也属于科学调查。科学家设定的规则是，除非找到事实支持假设，否则不要假设任何事情。一门伟大的心理学学科专门致力于研究这个问题，即动物和儿童的心理问题。它关注动物生命上升阶段的进化过程，以及每个儿童都会经历的快速成长阶段。

书中用两章的篇幅讲述了这门学科，它被称为遗传心理学（genetic psychology）。该学科有两个分支，即比较心理学（comparative psychology）和儿童心理学（child psychology）。

第二个需要注意的普遍真理是，我们能够获得有关心理的真知。乍一看这似乎是一句废话，因为在许多人看来，思想是我们唯一可以确定的东西，但这种确定性并不是科学追求的。每一门学科都需要使用一些调查手段与操作步骤，可以由不同的研究人员在不同条件下反复使用。这样一旦获得结果，研究人员就可以对结果进行高度验证和控制。化学家所用的化学工具有试剂和试管，通过使用这些化学工具，化学家可以在一系列固定规则的限制下，保持所用的实验方法一致。生理学家也是如此，他们有显微镜、染色液、各种刺激身体组织的方法等。物理学家会利用镜片、薄膜、电池和X光仪器等进行科学研究。心理学家也有必要用一种公认的方法研究心理，他可以把这种方法摆在人们面前，说："你看，这是我的实验结果，你也可以用我的方法去获得。"

为了满足这一要求，心理学家采用了两种具有广泛应用性的方式研究心理，其中之一就是所谓的内省。任何受过足够训练的人都可以重复进行科学观察，从而确认结果，包括观察自己的心理及其产生的各种变化，如情绪、记忆等，并描述发生的一切。其他人可以用自己的头脑重复这些观察。这形成了一个知识体系，这个知识体系被整合在一起，称之为内省心理学（introspective psychology），书中有一章专门对此做了介绍。

另一种方法是对别人的心理进行实验。我们可以通过各种方式对朋友和家人等开展实验，让他们感受、思考，然后观察他们的行为方式。他们的行为差异将显示出情感差异。在采用这种方法的过程中，心理学家把一个名为"主体"或"被试者"的个体带到实验室，要求他触摸、看或听等，并且愿意认真遵循某些指示，例如握住一个电动手柄、按下按钮等。实验在足够审慎的情况下完成；实验结果将通过心理学家事先安排的某种方式记录下来。第二种方法得出了实验心理学（experimental psychology）和生理心理学（physiological psychology），并在本书中做了介绍。

除此之外，心理学家还发现了对了解心理非常有效的一个事实，即不同个体或个体类别的思维差异很大。首先，健康心理和患病心理具有明显区别。这种差别非常大，因此我们必须寻求不同方法来对待患病心理，不能仅将其作为健康心理之外的一个类别归入精神病，而是我们需要对患病心理的类型进行区别，就像不同形式的身体疾病教给我们很多关于身体的知识——肌肉力度、组织形式、功能、局限性、遗传性以及各器官关联性等，精神疾病也教给我们很多关于正常心理的知识。

这引出了异常心理学（abnormal psychology）或精神病理学（mental

pathology）的学科领域。即使在正常生活中，个体之间也存在着非常显著的差异，人与人之间的差别很大。这些差异的一种表现形式即人们具有不同的性格或气质，我们可以用其来区分个体。但要了解所有关于心理的知识，我们应该看清心理是如何变化的，并努力找出变化存在的原因。

这将引出另一个主题——个体心理学或变异心理学（individual or variational psychology），本书对其也有所涉及。

与此同时，心理学家提出了这样的要求：他向教师展示如何进行心理训练；如何确保个人健康地发展为有成就的人；用一切方式激发每个个体表现出不同的禀赋，以结出最丰硕的果实。这就是教育心理学（educational or pedagogical psychology）。

心理学家开辟了以上伟大的研究领域，但还有一个领域目前还没有涉足，如果去探索的话会硕果累累：给人类心理在这个世界上寻找一个位置。如果我们知道人类心理在这个世界上究竟意味着什么，那么从人类出现至今，我们将发现无数宝藏故事：它建立了人类制度，创造了文字和科学，发现了自然法则，利用了物质世界的力量……在所有体现人类存在的里程碑上都展现了心理的印记。有什么比这种记录更能说明什么是心理呢？民族学家耐心地追查早期人类在器皿、武器、衣服、宗教仪式、建筑等方面留下的记录，人类学家则在努力区分文化和文明史的普遍性和本质性、偶然性和暂时性。他们进展得非常缓慢，只能偶尔发现一些原则。这些原则向心理学家揭示了人类必要的行为模式和心智发展历程。所有这一切都可归入种族心理学（race psychology）。

最后，另一个学科，也是最新的学科——社会心理学，其研究人群聚集时的心理行为。大多数动物是群居的，它们成群结队地生活在一起，社会性也是人类的天性。因此，与群体有关的心理，都被归入社会心理学。社会心理学研究的问题是：当个体在共同行动中团结起来时，会出现什么新的心理阶段？反之，当群体被人为分开时，人们心理又会有什么变化？

现在我们对本书内容有了相当完整的了解。对于这些伟大的问题，许多人穷尽一生都只能窥见冰山一角。只有当我们把所有结果汇集在一起，共同看待心理这个奇妙的事物时，才能见到它的全貌。我们必须把它看作一个成长的、发展的事物：可以在动物及儿童的成长过程中显示出它的进化历程；可以在我们日常生活的每一次变化中揭示其本质，这些变化我们有时可以表达，有时则不能；可以在实验室中发现它，并将心理活动的痕迹留在科学家实验仪器的屏幕上；由于受疾病的限制，心理需要被谨慎对待，它有时需要精神病院、管教所、监狱等资源的协助，有时则需要人们像喂养敏感体质的幼儿那样细心对待；心理还体现在人类的发展历程中，从最初火器的发明、第一个防御组织的建立，第一个图绘铭文的出现，到现代的电力发明、复杂的政府宪法和经典文学艺术作品的不断涌现，人们均从中看到了心理的重要影响；最后在暴民的野蛮行为、罪犯的罪行以及社会的集体正义行为中，人们都见证了心理活动的存在。

心理学是一门生机勃勃且不断发展的伟大学科，我们难以在本书有限的篇幅内涵盖其所有重大成果，我仅从其相关学科中选取了某些优秀的成果。有了这些知识储备，读者可以看到心理学这个巨大的宝库的全貌，可以借此深入探索心理学。

正如前言中所述，从如此丰富的材料中做选择完全取决于作者的个人判断，难免有人认为我的选择并不明智。我将在接下来的章节中，对心理学各重要学科做简要介绍。

第二章
内省心理学——心理的共同点

从心理学家可能援引的所有资料来源中我们可以看出，内省心理学是最重要的心理学分支，它真实地描绘了我们脑海中不时出现的想法。有两个重要原因使内省心理学不同于其他所有学科。第一，只有通过内省，我们才能直接审视心灵，并保持其原本的纯度。我们每个人都比其他人更了解自己。因此，该学科首先需要处理的是每个人的自我意识。相比于研究他人的学科，内省心理学更可靠，它只需要我们处理个人的心理。第二，内省是最重要的步骤，原因在于所有心理学学科，甚至其他所有学科，必须通过内省来确认其他方法所得到的结果。植物学家、物理学家，如果不对其面前的事物做真正内省在他面前的事物，就无法观察植物或电火花。植物反射的光进入他的眼睛，在他的头脑中留下一定的印象，之后他必须用内省的方式描述他看到的内容。视力不好的天文学家不能很好地观察天体，也不大可能发现有关天体，因为他通过内省描绘的内容是在因视力缺陷而产生的扭曲图像上加工而成的；而一个过分夸大的人，不能如实再现他的记忆，就无法成为一名优秀的科学家，因为这种内省的缺陷会使他对事物的观察变得不可靠。

在实践中，内省法是最重要的，心理学的迅速发展主要得益于对内省法的应用。借此，我们已经发现了许多心理行为的一般原则和心理成长的一般规律，这些原则和规律应该最先引起我们的关注，它们构成了心理学的主要框架。我们先要掌握这些规律，再继续探寻它们在心理学其他学科中的各种应用。

内省心理学或通常所说的普通心理学（general psychology）的一些基本原则有些抽象和难以理解，但在随后的章节中我们会做具体的说明。经验中的事实，以及发生在我们思维中的实际事件，会自然分成若干大类。它们很容易彼此区分。第一类普遍公认的区分方式是"心理和行为"或"知识和生活"。一方面，心理被视为接收、接纳、学习；另一方面，它被视为行动及意愿等。另一类巨大区别是第三种精神状态，即"感觉"，它与另外两种情况形成了鲜明对比。我们说一个人有知识，但没有感情；有头脑，却没有心灵。或者说他知道并能感觉到怎么做是正确的，但做不到。

在接收方面，首先可以指出，我们获得各种经历的途径是各种感官，并不局限于五种特殊感官——除了视觉、听觉、味觉、嗅觉和触觉之外，我们现在对某些其他感官也有非常明确的了解。我们会体会到肢体运动产生的肌肉感觉、来自内脏器官的官能感觉、来自关节的感觉、压力的感觉、身体平衡的感觉，以及其他一系列特殊的感觉。这些感觉可能是独立的、不同的，也可能是组合在一起的。例如,当电流通过手臂时,人会产生多种感觉组合而成的感受。

所有这些都给大脑运作提供了所需的材料,大脑没有别的材料来源。我们的所思所想、观念、信仰等从一开始就完全依赖感官提供的材料。尽管如此,正如我们将看到的那样,从接收来自外部世界的各种感觉开始,心理还有很长的路要走。感觉的基本和重要功能是,在随后的思想和行为中,为精神工作提供依据的材料。

接下来,大脑会将这些材料保存起来以备将来使用,这就是记忆的过程。和这个过程同时进行的是,大脑会将材料以各种有用的形式组合在一起,依接收和记忆的材料,组成物和人,这个过程被称为联想、思考、推理等。过去人们普遍认为这些过程是心理的独立"能力",因为它们显示出心理在做不同的事情。但这种观点现在已被完全放弃了。心理学现在以一种更简单的方式来对待心理活动。它认为,在所有这些能力中,心理用这些感官元素只做一件事,即把最初以感觉形式出现的元素结合在一起,这样它就可以对一组元素起作用,将这些感官元素作为整体的外部事物来对待。接下来,我将阐述这个单一而独特的过程。

我们也许会问:小孩子是如何认知放在餐桌上的橙子的?我们不能说橙子是通过某一种感官进入孩子的心理的。通过视觉,他只看到了橙子的颜色和形状;通过嗅觉,他只获得了橙子的气味;通过味觉,他知道橙子是甜的;通过触摸,他可知道橙子表皮的光滑度和形体。从这些感觉中他没有发现橙子的特点,也无法把它与其他有相同或相似感觉的事物区分开来,比如苹果。我们很容易看出，当人们通过各种感官获取相关信息之后，还需要更重要的一步，即在同一地点将它们同时组合在一起，并提出一个合适的名称，将其与其他事物相联系或相区分。只有这样，我们才能获得"这是一种橙子"的认知。这是一个典型的思维方式——把所有的感知组合成更大、更富有成效的组合。这个过程被称为统觉（apperception）。我们说，当大脑能够把所有不同的感觉放在一起并将其作为一个整体时，大脑才"统觉"到了橙子。这种不同的思维情况，为早期心理学提供了机会，以用来区别不同的机能（faculties）。

这些名称的使用很便捷，可以使主题清晰，告知读者这些心理学术语的含义，并展现出它们与某类心理的相关性。

橙子的例子阐释了俗称的知觉（perception）。知觉的结果是人们对外部世界中实际物体的认识。当实际对象被移除后，而同样的心理过程仍继续进行时，则被称为记忆（memory）。当它再次发生，且不受外界事物控制时——通常有点不可思议，如在梦中或幻想中，一般能预测到外界的真实情况——它被称为想象（imagination）。如果它是不真实的，但仍然被相信，我们称之为幻觉（illusion）或幻象（hallucination）。当它仅使用符号，如文字、手势等来代表一组事物，则被称为思考（thinking）或推理（reasoning）。所以我们可以这么说，心理通过这一伟大的行动方式获得的是知识（knowledge），不管是以哪种行动方式，除非它的结果与现实不符。

我们可以说，旧心理学的术语和体系可以归在统觉学说之下，没有必要去思考心理不止一个简单的过程。它以不同的方式和更强的复杂性对材料进行分组和组合。

因此，在接受和处理经验材料方面，统觉是心理活动的一个原则。

心理学中还有另外一个术语，有时也用它来表示同样的心理过程，即联想（association）。它表明这样一个事实，即当两个事物被一起感知或思考时，它们往往会在未来的头脑中一起出现；当一个事物被认为与另一个事物相似或与之形成鲜明对比时，它们在被回忆起时往往会以同样的方式出现。然而，很明显，联想适用于单一思想、感觉或其他心理材料相互之间有关联时。它们被称为"联系"在一起。像这样只谈论心理材料，而不谈心理活动，不过是权宜之计。这样做是完全正确的，因为我们说心理所"统觉"的各种思想仍然"联系在一起"，是没有矛盾之处的。从这个解释中我们可以看出，联想明显来自统觉的心理过程。

然而，思维在处理材料时有另一种倾向，这种倾向展现了出我们在实际操作中已经熟悉的活动。让我们看一个特定的统觉或联想案例，不难发现这个过程必须从心理已经达到的平台开始。我们可把心理状态比作一条不间断流淌的小溪，它是连续不断的，所以我们不能说："我将重新开始，忘记过去，不受历史的影响。"尽管我们可能希望这样，但永远也做不到，因为我们难免将记忆、想象、期望、失望等带入当下的意识。因此，第一次发生的事情或经历对我们的影响取决于它如何影响我们当下的思想。就像第一次见某人时，他没有引起我的注意，我可能会与他擦肩而过。但是在我提到他之后，让他再次回到我面前，或他长得很像我认识的一个人，或给我一个理由去观察、惧怕、敬畏他，或让我以任何方式想起他，此时他就变成我意识中的一个积极因素。他已经被纳入我的心理，并成为我心理活动的一个来源。

例如，一名儿童在学会画人后，便知道人脸有两只眼睛、一个鼻子和一个嘴巴，左右两侧各有一只耳朵。之后让他去画一个人的侧脸时，他仍然会画两只眼睛，并在两侧各画一只耳朵。这就是心理习惯，人们无法逃避。

当他面前有一幅只有一只耳朵和一只眼睛的临摹像时，他可能仍然会在自己的画上画两只眼睛和两只耳朵。

在所有这些情况下，新的认知被同化到旧的认知中。在儿童的记忆中，人的惯有形象同化了摆在他面前的临摹像。

这种倾向是普遍存在的。心理必须尽可能地吸收新的材料，从而用旧的思想或概念来代表新的。否则，我们必须记住和处理的零碎细节就不会被包含在内。此外，正是这种倾向，使我们陆续对各类事物进行分类，如人、动物、美德，其中包含了大量相似的细节，我们称之为一般概念或概念。

因此，我们可以通过同化来理解新经验的一般倾向，即我们以从前处理类似材料的方式来处理这些新经验，从而使我们思维的处理范畴从特定情况延伸到一般情况。

综上所述，我们发现普通心理学在研究方面有三种方式。首先，具有思维的整合、分类倾向，以及将心理状态和事物联系起来，称之为**统觉**。其次，在各种状态之间建立特定关系并将其结合在一起，称之为**联想**。再次，心理有一种倾向，那就是倾向于将旧有的经验和习惯作为一般模式，来整理和分配日常生活中所有的新细节，这叫作**同化**（assimilation）。

现在让我们来看看心理在行动或行为中呈现的方面，也是普通心理学或内省心理学所持有的观点。行为与思想或感觉同样重要，不应过于明显地把思想和行为区别开。

然而，它们确实有区别。要想理解行为，我们必须再次内省。当我们问自己对他人的行为有何了解时，就会发现这一点。当然，我们会说是通过观察了解到了别人的行为。是的，我们确实看到了他们的行为，至于他们的想法，我们只能依看到的行为进行推断。但是，另一方面，我们可能会问：如何由甲、乙的行为推断出他们的想法？唯一的答案是：当我们以同样的方式行事时，就会有这样的感觉。所以，无论如何，当我们反观自己的意识时，必须问一下，在我的思维中，该行为是如何与该思想相关联的。

对于这个问题，心理学现在有了一个普遍的答案：行为总是思想的结果，是当时大脑中存在的知识要素的结果。当然，也有一些行为纯粹是出于动物本能。在我们研究人类的自身行为时，可以忽略这些。除了本能之外，心理学原则认为，在每一个行为背后，一定有某种想法、感觉或知识在酝酿，促使我们采取相应的行动。

这个普通原则就是动机暗示（motor suggestion）。它意味着我们的思想或感觉，无论是来自感官、记忆、言语、行为还是他人的命令，对我们的行为都有直接影响。我们无法避免自己的思想对行为产生影响，而且我们日常生活中最微不足道的事件往往是对自己和他人重要行为的暗示。例如，报纸报道犯罪就是通过动机暗示来刺激他人实施同样犯罪行为的。事实上，读报使我们对这些想法感兴趣，而这些想法往往会引起相应的一系列暗示行动。

动机暗示原则最有趣和最引人注目的应用就是通常所说的催眠术

（hypnotism）。对此，以及对暗示的进一步说明，见后面的章节。

然而，通过探寻在每一种思想或感觉的情况下，心理活动在不同层面上引起了何种行为，我们能更详细地了解动机暗示原则是如何运作的。这些心理活动在上文已被区分为所有能够说明统觉的活动，如感知、想象、推理等。

当然，我们经常根据自己的感知来行动，日常生活大部分是由这样的基于我们对周围物体感知的行为构成的。我们熟知街道、办公室、商店的物品位置，并围绕这些物体展开一系列活动，无须太多意识指导。此时，动机暗示原则在感知、记忆和联想的指导下运作。在大部分行为中，我们还发现了一个由想象力产生的因素。我们通过适当联想填补了感知世界的空白，之后表现得就像这些联想是现实一样。这在我们与他人的交往中尤其如此。我们确实从来都不知道对方接下来会做什么。他们的行为是未知和不确定的，但出于他们对性格的熟悉程度，我们会猜测或想象对方的期望或想法，之后我们会采取与对方想法相适应的行为。这是一种个人暗示，从某种意义上说，这取决于我们重塑他人性格的能力，并引导我们做出适当的行为。当我们将这种由联想产生的暗示行为与下一类重要行为相联系时，似乎尤其能感受到它的重要性。

下一个最高级别的行为由一般或抽象思想产生，我们已经能够通过心理的统觉活动来激发这些思想。在这个领域，我们对那些直接影响并指导人们采取行动的心理有一个特殊的称呼：动机（motives）。对那些思虑周详的清晰行为动机，我们也有一个特殊的名称：意志（will）。尽管某些行为被强调是源于意志的，但我们必须注意，意志并不是心理之外的一种新能力，它与意志产生之前的心理行为方式不同。意志只是行为动机的一个名称，这种行为动机在大脑中十分清晰，使我们可以在深思熟虑后再采取行动，因此我们可以认为这种行为动机是由自身选择引起的。然而，在这种情况下，行动真正源于思维，就像之前的情况那样。在这种情况下，我们称之为动机。我们依赖这些动机和暗示，我们不能没有动机就行动，也只能按照我们拥有的动机采取行动；在之前的情况下，如果没有某种感知、想象或记忆，我们就无法采取行动；我们必须根据感知或其他心理状态采取行动。因此，自愿行为或意志只是动机暗示基本规律中的一个复杂且高度自觉的案例；它是当统觉处于最高水平时，暗示行为所采取的形式。

　　暗示的反面也是如此，即我们采取行动的前提是，有适当的心理、形象或记忆进行行为暗示。行为对心理的依赖性在某些瘫痪患者身上得到了决定性体现。这些患者发现，当眼睛被包扎时无法使用四肢，因为他们看不到四肢移动，就无法知觉移动肢体的感受；但是，当他们睁开眼睛看到肢体之后，就可以自由移动了。当大脑皮层用于记忆词语或声音的特定部位受到损伤时，患者会无法说话。从许多类似案例中我们得出了一般的立场，即对于每个有意图的行动，我们一定有一些思考行动的方式，记住它的感觉及外观等；我们必须在心中有一些相当于运动经验的东西。这就是所谓的动觉等效原理（kinesthetic equivalents）。当我们知道"动觉"意味着具有运动的感觉时，这个概念就变得不那么深奥难懂了。因此，这一原则表达了一个事实，即在任何情况下，我们都一定会有思想或心理图像，它们相当于我们想要做出的行为的感觉；若没有的话，我们所做的动作就不顺畅。

我们所说的意志的"自由"并不是指未经思考就去做事的能力，而是把所有的选择放在一起思考并行动的能力。自由行动是思想和思考主体最充分的表达。

日复一日地观察儿童掌握动觉等效原理是一个有趣的过程。仅凭愿望，儿童无法完成一个新的动作，因为在他的大脑中，没有对应物可以参照。但是，当他习得了该动作，通过模仿会逐渐掌握正确的动作，正如我们稍后将看到的那样。他将必要的对应物存储在记忆中，然后只需要思考动作的感觉或过程，或者词语的发音，就能立即做出相应的动作或者说出对应的词语。

在经验接受方面，内省也找到了一席之地，使我们的思想从单纯的无动于衷转变为最有意义且热忱贴心的事物，这也是精神生活之于我们的意义。显而易见的是，当我们接收到感觉、想法和暗示，并以各种方式对它们采取行动时，就不再是这个心理过程漫不经心的旁观者，而与其存在密切关联；事实上，每一个自我感觉和意识都来自这样一个事实：世间发生的一切都事关个人成长。大脑不仅仅是一个按照预设行为法则行事的机器。我们发现，任何事情都会对心理本身产生影响，不管是好是坏，无论是丰富还是贫瘠，无论是快乐还是痛苦；并且无论心理经历的现实或心理期望体验到的事情是好是坏，都将产生一系列的心态。这就是感觉的伟大意义：心理感觉本身在某种程度上受到内在事物的影响，无论是好是坏，它介于思想和行动之间。我们根据自身想法来感觉，并根据感觉而行动。一切行动都是以感觉为导向的。

感觉表现出了两个显著的特征：第一，态度积极时表现出兴奋；第二，随之而来的快乐或痛苦。

第二章　内省心理学——心理的共同点

到这里，它可能足以区分从高到低，即从感觉和知觉到思想出现的各个阶段。这也是我们在心理生活的其他两个阶段（知识和行为）中采用的方法。因此，在谈到感觉时，我们发现不同术语适用于不同的感觉阶段。在最低等的精神生活中，比如新生儿的心理活动，也同样存在于某些低等动物中。它们能感受到的不过是快乐和痛苦，主要取决于生命所处的物质条件。快乐和痛苦很可能是自身特殊神经器官的感觉；舒适和不舒服的状态，或者令人愉快和不愉快的感觉，取决于心理受到了什么样的直接影响。这些都是在兴奋的条件基础上叠加了快乐及痛苦的感觉。

走近记忆和想象，我们发现：许多情感类别证明了心理对其经历的态度。这些情感丰富多样。譬如希望让位于绝望，喜悦变为悲伤，遗憾转为期待。没有人能一一列举情感的各个阶段。在希望与恐惧、喜悦与悲伤、愤怒与爱之间有最明显的差异，并有着特殊的名称，它们有着恒定的刺激原因，也有固定的表现方式，即所谓的情感表达（emotional expressions）。正是通过这些情感表达，我们可以看到并与他人的情感状态共情。在这里，我们要强调的是，情感会有持续的起伏，我们很少能不受情感影响达到相对自由的状态。

情感有固定的身体表达，这在很大程度上是遗传性的，对人类和动物来说都很常见。它们很可能以一种实用的姿态首先出现在动物的防御、飞行、擒拿、拥抱等情况下，人类传承了这种身体表达，它们从而成为心理状态的象征。

感觉的最终和最高表现形式就是我们所说的情感。情感是对某些理想心理状态的反应。心理发展的趋势是不断充实知识，使其能够预测实现目标的所需条件。我们假想，存在某种现实，它的完备性唤起了我们最大的力量和价值的情感状态。对神的思考产生了宗教情感（religious sentiment），对善的思考产生了伦理情感（ethical or moral sentiment），对美的思考产生了审美情感（aesthetic sentiment）。这些情感代表着感觉生活中最精致、最高尚的成果，伴随的思想是最高尚、最理想的对象。同样真实的是，在情感的激励下开展的行为是人类能够参与的最高尚和最有用的行为。

第三章
比较心理学——动物的心理

有人指出，动物的心理也非常具有研究价值。这一观点逐渐被承认。在二元哲学教义和人类嫉妒本性的驱使下，动物以前被视为没有灵魂的机器，它们是启动后就会运转的自动装置，直到生命结束。抛弃这种观点的原因有两个，每一个原因都可能足以引发学术领域的变革并产生动物心理学。

第一，进化论的兴起告诉我们，在心理禀赋的问题上，人与其他高等动物之间没有明确的割裂，两者间的差异只是心理成长规律作用的结果；第二，人类心理科学的充分发展表明人类本身更像一台机器。人类是按一定的规律成长的，其进步受生活环境（包括物质环境和社会环境）的制约，其心智是自然系统的一部分。动物也是如此。动物尽其所能地实现同样的功能，它们有自己的环境（包括物质环境和社会环境），它们与人类同样遵守成长规律，它们的心智实质上与儿童早期相同。所有这一切意味着，动物和儿童一样，是有认知能力的生物。可以说，如果我们将动物排除在外，那么也该把儿童排除在外。此外，这也意味着，对于心理学来说，更重要的是，心理的早期发展及一定的发展方向，在动物身上表现得最充分。

动物本能（Animal Instinct） 说到动物，我们首先会想到一系列引人注目的动物本能。我们都知道动物本能是什么，只需要去动物园就能看到大规模的动物本能。你还可以观察家猫一天的生活，观察它的行为。出于本能，家猫会在早上洗脸和如厕。它用自己独特的本能去捕获老鼠当早餐。在进食之前的一小时，猫会欲擒故纵，残忍地玩弄那只可怜的老鼠，以此来激起自己的食欲。如果它有小猫，它会非常仔细地培养小猫的"礼仪"，这一切都出自本能；小猫会本能地做出回应。猫在白天的行为举止十分得体，其所作所为会令文明人感到钦佩。由于不会游泳，猫对水表现出一定的憎恶感。它知道敌人会从哪个方向扑过来，知道什么时候转身用天生灵巧的爪子去迎战。猫喜欢夜间远足和开展社交活动，它的眼睛可以让它在黑暗中安全地冒险。它对自己的情绪有一定的口头表达，而人类试图用一切驯化手段来根除这种表达方式是徒劳的。猫会用特殊的手段吸引伴侣，而对方又能用特有的叫声应和。整个过程几乎是无休止的。

请观察狗、鸟、猴子、野兔，你会发现它们的习性有很大的差异，但这些习性都符合不同动物各自的生活环境。蚂蚁和蜜蜂在本能方面是众所周知的专家。它们有自己的地盘，我们可以从它们的生活中看到一些社会组织原则的影子：奴隶制、性规则、劳动分工、资源集中、政府分配食物、死刑等。

所有这一切不仅仅停留在有关书籍对动物生活的大量详细描述上，它们已经为几个世纪的推测提供了依据。在上一代人中，本能理论才形成了实质性的知识结构。这一理论的内容简要概括如下。

一般来说，在本能领域，有一种遗传的神经倾向，即表现出本能行为。在许多情况下，这种神经倾向表现为独立个体的学习行为，如幼小动物的吮吸行为、幼鸟的啄食行为、成年哺乳动物和鸟类的迁徙行为、多个物种的求偶行为。其中包括所谓的"完美"本能。要想做到完美，动物必须在其机体准备就绪时，在没有任何指示，没有任何模式可模仿，没有任何经验可借鉴的情况下，成功地完成本能动作。"完美"的本能完全是先天或天生的，神经器官只需要达到成熟或成长的适当阶段，一旦外部生活条件允许，动物就会立即做出恰当且有利于自身发展的本能行为。

另一方面，许多本能——可能数量相当大——确实是不完美的、"有缺陷的"。有缺陷的本能不能使动物完全具备前文讨论到的那些本领，只能让它们向部分目标靠近。它们有做某些事情的自发倾向，如筑巢、歌唱等，但如果从出生开始就独自生活，它们就无法完美地做这些事情。这种具有缺陷的本能已经成为动物心理学中最有趣的研究领域之一，引发了有关本能与智力关系的新观点。

有人发现，在成年动物的示范和指导下，幼崽才能做出许多看似本能的行为。即便对于有先天倾向的行为，这种依赖性也可能依然存在。例如，许多鸟具有筑巢的一般本能，但在许多情况下，如果把它们置于人工环境中，它们将无法建造出完美的巢穴；鸟类也有鸣叫的本能，但如果从出生起就不让它们听到鸟类特有的叫声，它们就会发出不同种类的叫声，或者模仿周围其他物种的叫声。

动物的习得性行为——对其本能的补充——主要来自模仿（imitation）。看到成年动物的部分动作，或听到它们的叫声等，都会使动物幼崽模仿这些动作或声音。幼崽在动作和叫声方面的禀赋与同类相似，这有助于进行正确的模仿。因此，"完美"的本能和模仿的倾向相辅相成，可以促使这些幼崽迅速习得其所属物种的习性。我们发现，即使是在模仿中，幼崽也会紧紧依附在自己亲生父母身边，这样才能被好好抚养长大。

此外，我们有充分理由相信，模仿倾向本身就是本能。年幼动物，特别是猴子幼崽，到了一定年龄会自发模仿。模仿是百舌鸟及鹦鹉等鸟的本能，而且这种模仿的机制是众所周知的。上文在"动觉等效"这一术语中提到的心理学原理告诉我们，行为通过视觉或其他方式进入大脑，会激发适当的器官，使观察者做出相同的动作。我们可以从听众重复演讲者手势的共同倾向以及许多其他类似情况中看到这一点。当这个原则被扩展到行为以外的各种体验时，就是通常所说的模仿。而且，儿童在每次进行动作模仿时，会感知到自己的模仿，而这将再次成为另一个重复动作的样板，依此类推。这种方法使动物幼崽及儿童不断练习，使他们做出生活必需的行为时越来越有效率。

很明显，这种安排，使模仿这样的一般本能取代或补充了一些特殊本能，会带来许多益处。它使动物们具有了一种可塑性，使它们可以对生活环境的变化做出恰当的反应。相反，特殊本能在很大程度上是固定不变的，动物在各种情况下必须按照特殊本能的要求行事。但是，一旦本能以模仿的形式出现，由此产生的行为往往是其他动物之前为其设置的典型样式"复制"行为。

最近本能领域研究的新结果直接关系到本能起源理论及其在动物生活中的地位。

本能理论（Theories of Instinct） 有关动物本能的较早观点认为本能只是一种原创禀赋，即每只动物都是"各从其类"，被一次性创造出来的。根据这种观点，没有什么能更好地解释本能是天生的而非后天创造的了。除了这种"特殊创造"的观点外，以下两种理论都基于进化论而流传至今。这两种理论都假定本能是由更简单的动物行为逐步发展而来的，但对发展为本能的初始行为持有不同看法。

反射理论（reflex theory）认为本能是一种反射行为，就像当有异物要飞入眼睛时，人会本能地闭上眼睛一样。只不过这种反射行为更加复杂，它是大量简单反射行为的高效复合和叠加。这个理论试图用神经行为来解释本能。它符合进化论的观点，认为神经系统通过生物体对其生存环境的持续反射调节代代相传，这样才能确保其更好地适应外部环境。该理论的拥护者认为，以这种方式，我们可以解释这样一个事实：当动物本能地做出某动作时，它对自己正在做的事情并没有足够的了解；它的思维中没有终止或目标；在空气、土壤和海洋等的刺激下会出现机体适应，它只是感觉自己的神经系统做着它适合做的事情。

有人可能会问：为什么后代会比父辈有所改善，能使得这种本能日臻完美？

该问题的答案引出了一个伟大的生物学原则——变异原则（the principle

of variations）。该原则说明了一个普遍的事实，即在每一个家庭中，幼崽在各方面都与其父辈略有不同。承认这一点后，我们会在每一个家庭中发现一些比父辈更优秀的幼崽，它们比其他同类更具优势，能成长并哺育下一代。因此，通过不断地变异和经受自然选择，即在与其他动物的竞争中"适者生存"，本能将不断得到完善。

另一种理论，认为有一些本能明显表现出理性（reason）的存在，以至于在获得这些本能的过程中，必须允许动物对环境进行某种程度的智能调节。例如，我们知道，本能涉及一些肌肉运动。鸟巢的建造非常复杂，小鸟们为了完成这个目标会精细地调整，但仅通过反射适应就可以逐渐筑成鸟巢令人难以置信。对于许多知名的动物心理学家而言，反射理论似乎还存在一个难题，那就是，许多本能需要同时做大量肌肉运动，因此，在相互"关联"或相互支持的情况下，本能是逐渐获得的假定是不成立的。因为从这些例子的本质来看，我们不能假定本能是不完美的。在某些生物拥有完美本能之前，存在的一些部分本能，不仅对这种生物没有用处，在许多情况下反而会对其造成严重的伤害。例如，对某些动物来说，基本会游泳，或者会筑造一个不完美鸟巢，这些本能有什么用？因此，第二种理论告诉我们，当动物首次获得本能时，它们一定有智力去做这些事情。正如大家所承认的，在物种获得了本能之后，它就会在没有知识和智力构思的情况下开展，并通过遗传代代相传。

这似乎是合理的，因为我们确实发现，动物们起初可能会频繁地做带有智慧的行为，以至于后来不用去想，仅凭习惯就能做到。所以动物们的动作会逐渐发展成为反射行为，尽管起初它们需要智力。从这一观点的角度看，虽然一些行为最初需要智力，但对后代来说，这些行为已变为本能，不需要智力指引了。这一理论被称为智力失效理论（lapsed intelligence）。

这个理论有很多值得赞扬的地方。它肯定符合上文所述的与反射理论对立的理论，即某些本能不可能通过反射适应而获得。它也解释了许多本能充满智慧的一面。

但近年来随着生物学的进步，这一观点遭到了批评。批评基于这样一个事实——智力失效理论认为一代物种的智力行为会遗传给下一代。很明显，除非这是真的，否则一代物种利用智力做事对该物种就没有任何好处，因为如果对神经系统的影响没有遗传给子孙，那么下一代及其后代将不得不重走父辈的老路，并且它们的行为根本不会在神经系统中扎根。

现在，这种批评压倒性地存在于大多数生物学家之中[1]。他们认为，父辈所获得的改良或所谓的"性格"（characters）、行为倾向或习惯等，简而言之，父辈一生中所有的身体或思想变化都没有被子孙继承。在后代中，唯一表现出来的变化是疾病、中毒、饥饿以及其他与整个机体有关因素的深层次影响，但没有倾向于表现出通过遗传复制父母习得和实践过的特殊行为或功能。如果能解决这一困难，那么智力在复杂本能的起源中起作用的理论将是最佳理论；如果没有解决这个问题，那么智力失效理论就必须被抛弃。

最近关于进化论的讨论以机体选择（organic selection）的名义提出了一

---

[1] 该问题仍在讨论中，我并非要挑战那些仍然接受"习得性遗传"（inheritance of acquired characters）之人的权威。

种观点，这种观点对于本能起源的争论卓有贡献。该观点在某种程度上使两种理论相协调。它声称，一代个体所做出的智力适应或其他任何形式的适应都有可能为随后的进化设定方向，即使从父代到子代没有直接的习得性遗传。在本能的情况下，它是这样进行的。

假设根据上面给出的第一个理论，机体有某种反射，显示出对环境某种程度的适应；在智力失效理论倡导者的推动下，假设我们承认由于后代禀赋的变化这些反射逐渐得到改善，但这不足以说明本能的起源，因为部分本能是无用的；而且，我们进一步假设，许多复杂的本能在习得过程中确实存在智力适应。仔细理解这些观点，那么一个更深入的新原则将使我们完善一个可以避免反对其他两种观点的理论。这一原则就是我们已经看到的，即智力补充了每一代物种的部分本能，并使它们在不足的方面发挥作用。只要本能是不完美的，就会世代相传。这给了物种时间逐渐完善其本能，每一代都以同样的方式利用自己的智力，通过后代的变异积累神经系统的变化，而这些变化正是完美本能所需要的。因此，随着时间的推移，每一代对智力的依赖越来越少，直到神经系统能够完全独立执行这种功能。这样一来，结果就像每一代继承了前辈获得的技能一样，但实际情况有所不同。在两种历史观点承认的内容之上，这一理论要求的是，通过智力完善不完美的本能，物种存活的时间要足够长，以便有足够时间朝着正确方向变异。之后，本能实现其独立性，不再需要智力对其进行监督（图3-1）。

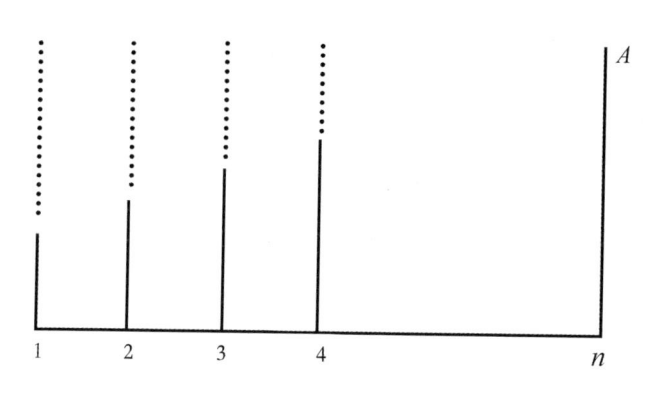

图3-1 机体选择的本能起源

An纵轴代表完美本能。1，2，…，n代表后代代数。实线代表本能方向的神经禀赋。虚线代表需智力补充的神经禀赋。物种依靠智力来维持生存，直到通过先天变异神经禀赋变得"完美"。

该理论已经被事实直接证实：许多本能是不完美的，但幼崽利用智力模仿和习得，它们被拼凑出来并发挥了作用。例如，水对小鸡的生命是至关重要的，但小鸡并不知道水的价值，它通过模仿母鸡饮水，或用水弄湿自己的嘴，把头往后仰，用家禽独特的方式饮水，以刺激自己的饮水本能。因此，在物种特有的功能以及它们的生命所依赖的其他功能中，我们发现有意识的智力适应与生物的部分本能之间存在着微妙的关系。

因此，在机体选择理论中，我们似乎对本能的起源问题有了一个积极的解决方案。它在其他情况下有类似应用，在这些情况下，进化似乎在智力的引导下找到了某些明确的方向。它向我们表明，心理在机体自然进化中发挥着积极作用。

动物智力（Animal Intelligence） 要想弄清动物的更多禀赋，就有必要了解动物智力对其本能的补充。什么是智力？这个词可以广泛地表示所有意识或心理的使用，在某种程度上被认为是对神经系统反应的补充。在动物及人类的生活中，当我们发现个体在做与心理活动有关的事时，使用了各种形式的知识或经验，那么这种行为就被认为是智力行为。

下面的例子说明了动物世界中最简单的智力行为形式，以及大多数高等行为的起源。小鸡会啄食一种奇怪的虫子，如果发现它难吃，将来就会不再啄食这种虫子。拒绝再次做曾经有过不愉快经历的事情是明智的。我们现在可以说，小鸡"知道"这种虫子不好吃。啄食所有虫子的本能行为被拒绝啄食某类虫子取代。反之，我们发现小鸡第一次见到饮用水时没有本能反应，它必须先看到母鸡喝水，或者当它通过一种意识状态模仿母鸡时，自己才会喝。这样，它才"知道"水是可以喝的。

在这里，我们遇到的另一个问题是，动物通过习得恰当的行为来运用它的知识。动物是如何学习肌肉组合动作，以补充或取代早期本能行为的呢？

当我们思考一下儿童如何掌握新技能行为，这个问题的答案就会非常清楚了。我们发现儿童不断地学习、修正习惯，改进做事方式，才能拥有新的复杂能力，如说话和书写等。这些都是智力活动，需要付出很大的努力才能逐渐学会。这是所有心理学中最重要和最有趣的问题之一，即研究儿童如何用大脑控制神经和肌肉系统。儿童如何才能修正和逐步改善他的"反应"，即我们所说的对周围情况的反应，从而采取更加明智的行动呢？

答案似乎是，儿童依靠所谓的试验（experimenting）习得行为。他不是单纯靠智力去做事情，而是看在先，学在后。这是一种古老的，可能是非常错误的智力观点。头脑不能简单地通过命令来移动身体。没有人能做到这一点。人像小动物一样，必须不断地尝试，以便找出适合他们的方式和各种可能性。各种动物都必须这样做。除了儿童在不知道价值的情况下所做出的本能行为，排除同样出于本能的、不是以学习为目的的模仿，他们的成长过程都伴随着各种试验。一般来说，试验通过模仿行为起作用。他会模仿看到的其他生物的所作所为，通过在脑海中留下早期行为的记忆进行自我模仿，或者在完成一种特定组合行为之后，他会再次重复。因此，根据已经提到的原则，他储存了大量的动觉等效物（kinesthetic equivalents），这些动觉等效物会留在记忆中，使他能够在适当的情况下采取恰当的行动。他也获得了所谓的"联想"，将行为及行为带来的快乐或痛苦联系起来，并在以后规避痛苦，重复可以获得快乐的那些行为。

这种模仿学习最有成效的是年轻人（特别是儿童）的"再试一次"，也就是所谓的持久性模仿（Persistent Imitation）。当儿童看到一些可模仿的复杂动作时，他会进行模仿。他可能会全身用力，扭曲舌头，弯曲身体，从头到脚都竭力模仿，从而在某种程度上获得了正确的结果，但非常粗糙和不完美。他将再次尝试，依照第一次努力所得的知识；他这次的动作不再那么粗糙了，抑制了一些阻碍动作，并保留了他认为正确的动作。他会再三尝试，坚持不懈地尝试，逐渐减少不标准的动作，直到最接近所模仿的动作，学会该技能动作。

在扭动和烦躁的情况下做的大量分散动作也对他有直接作用，使做出正确动作的概率显著增加，因此有助于积累正确的心理等效物。狗和猴子会不断尝试各种不同的动作，直到成功完成，从而学会开门、放下围栏横杆等，完成相对复杂的动作。

通过这些试验，动物可以习得新的复杂行为。对儿童来说，这一过程在很大程度上没有受他人干预，是儿童自己坚持的结果。他们比其他动物更有能力看到完成动作的意义，并真正渴望习得该动作。对其他动物而言，由于它们在智力禀赋方面存在局限性，习得没有延伸很远。在驯养家畜等动物时，驯养师会利用它们对快乐和痛苦的联想来激励、驱策它们。他们会用鞭子和食物奖励等来使动物产生痛苦和愉悦感，这样动物成功或失败的每一步都与疼痛或愉悦紧密相关。这样一来，动物会逐渐形成许多联想，规避与疼痛相关的行为，重复那些有常规步骤的表演行为，以唤起愉悦的记忆，结果，动物表演会非常接近所模仿的高智力行为，如计数、抽牌等，使观众们惊叹不已。

与人类相比，普通动物的局限性可能会引发一个普遍的问题，即这些动物的智力情况究竟是怎样的？正确处理这个备受争议的问题需要进行进一步解释。

在儿童身上，我们发现有一种倾向，即以某种方式应对所有相似对象的倾向，例如在学习用手完成某个动作之后，将相同的手部动作用于完成其他类似动作。因此，正如心理学家所说，儿童倾向于"概括"。在接受知识方面，这些将被铭记，被称为同化。这为他省去了巨大的麻烦和风险，因为一旦某个对象或某种情况出现，他可以立即采取恰当的行为应对，而无须等待学习新动作。这种能力表现在两种截然不同的方式上，分别刻画出了人和其他动物的性格。

对于普通动物来说，这种概括的倾向将物体分类，而不是作为个体来对待，其体现形式为一种大脑通路的组成或直接结合。不同但相似的经历，倾向于在相同的行为渠道中发生。动物会严格地将其与自身经历联系在一起，它对即将发生的事情没有做任何预测，不能把一次经历作为一种符号，也无法事先将其应用到其他事情和事件中。从某种意义上说，它是被动的：刺激物如雨点般落在它身上，迫使它采取某种态度和行为方式。它的知识是"一般性的"，被称为生理感受（Recept）。当一只狗受到鞭打，只要鞭子没有太大的区别，狗就会以同样的方式回应所有的鞭打。对于人类来说，其思想发展更进一步。儿童很快就会学会使用符号，语言是他最重要的符号。儿童不像普通动物那样通过连续感受相似事物来使自己留下深刻印象，他对待新事物时，会期望其像旧事物一样，并做出期待的行为。因此，他自然而然地就陷入了一般的行为方式中，这是经验的作用，可以对行为进行改进，帮助辨别事物。他似乎拥有更高类型的统觉，而不是更具体和偶然的联想。儿童习得概念，与普通动物获得的生理感受不同。随着语言的发展，一些心理学家发现语言是人类优于其他动物的原因。对于某些类型的经验而言，语言成为高度抽象的符号，而且语言提供了一种社会交流方式，个人的发展会因此得到极大的促进。

事实上，这一差异很可能是一般化（使用符号）和单纯联想之间的差异，是后来所有差异的根源，并使人类拥有比其他动物更巨大的优势。从中发展出人类独有的思考和推理等能力。在大脑方面，它需要通过特定的大脑中枢，以及大脑皮层灰质来实现语言功能的特殊发展，这一点我们在后面的章节中会再次提及。事实上，从大脑发育的角度来看，我们看到人类和其他动物在组织规律上是没有区别的，差异在于进化。

在儿童成长过程中，我们发现了另一种对比，该对比了动物与人类之间社会生活和组织差异。动物可能不像人类那样有高度组织的自我意识，原因毫无疑问在于这种自我意识是人类在成长过程中，在复杂的社会关系中生活的结果。儿童则成长于这种复杂的社会关系。

动物游戏（Play of Animals） 动物生活中另一个有趣的问题是动物之间的玩耍。大多数动物生来就会玩耍。连研究动物行为的入门级学者都知道它们的确沉溺于各种各样的体育活动。从很小的时候起，它们就开始嬉戏、搏斗、跳跃、一起奔跑，互相追逐，玩无生命的物体，小猫带着球参与儿童与大人的游戏，小狗与小主人玩捉迷藏……这些游戏充满了知觉和热情，它们也因此成为人类最好的玩伴。大量关于这一主题的书籍充分叙述了动物的玩耍，我们无需重复。然而，心理学家感兴趣的是游戏在动物个体和儿童生活中的一般功能，并尝试揭示游戏时的心理状态和动机。玩耍，无论是在普通动物身上还是在人类身上，都表现出了一些共性。

动物玩耍在很大程度上是一种本能，大部分是在没有指导的情况下沉溺其中的。小猫会兴奋地跳跃玩耍。小狗与其他动物一样，当它们足够强壮的时候，会嬉戏玩耍。这是它们的特点。这在成年动物所谓的求偶期会表现得更为明显。比如说，鸟类进化出了在求偶期非常丰富多彩的游戏行为。

对于有玩耍行为的物种来说，游戏是特有的、源于本能的。我们在动物园内的所有动物（无论是野生的还是被驯服的）身上都发现了猫狗所表现出一系列行为。每种动物都会通过其行为习性，如动作、叫声或其他所谓的"特定"习性，清楚地展示它们的物种特点。由于表明了进化及环境等方面的差异，所以它对动物学家而言很重要；同时，由于它显示出了动物的气质差异，所以对心理学家也十分重要。动物不仅能表现出人类的个体差异——有的喜欢这个游戏，有的喜欢那个游戏，有的是该游戏的领导者，有的则是追随者，而且能表现出不同种族间的较大差异。西班牙人喜欢斗牛，其他国家的人则不热爱斗牛，倾向于用比较温和的方式取乐，尽管他们也许能容忍橄榄球这种激烈比赛！动物们的志趣各不相同，有些动物在战斗中不断运动着，或是非常激烈地互相伤害，另一些动物则喜欢温和地嬉戏，如与飘飞的树叶、翻滚的石头或者潮起潮落的大海"做游戏"。

从心理学角度讲，就像人类一样，动物最有趣的游戏特征是所谓的"虚构"心理状态。我们考虑一下人类的运动就会发现，在游戏过程中，我们的意识是分散的。我们沉迷于游戏规则，不管它是什么，都好像它是真实存在的，但同时保持着对游戏不是现实状况的认知。也就是说，我们把它与所有实际情况区分开，但同时与我们的同伴一起制订规则——在这段时间里，我们将一起行动，就好像游戏情景是真实的一样。我们有一种感觉，即这是一个可以随时停止的游戏，参与者自愿沉溺其中；我们接受整个暂时的幻觉，严格地说，该幻觉是我们自己创造的——一份我们已经"承担"的工作。这就是虚构（make-believe）的含义。

很明显，普通动物在与其他动物的游戏中都有这种虚构感。狗会咬住主人的手，但它不会把主人咬疼，并且用一系列特有的态度表明它可以很清楚地区分游戏与现实。如果主人表现出受伤的样子，那么这只狗就会陷入悲伤，并且全身心地表示歉意。因此，当动物们一起玩耍时，处于下风的同伴一旦发出长长的尖叫声，通常同伴们都会放过它。

这种假想意识的主要特点在于它被许多人认为是审美情感的一个基本要素。据说，一件艺术品之所以有它的效果，是因为它倾向于让我们对所呈现的场景或动机产生一种假想接受，尽管它与我们生活其中的现实形成了鲜明对比。如果这是真的，有趣的问题就出现了，动物在虚构的环境中也有审美的萌芽。雌孔雀是否认为优雅开屏的雄孔雀是一个美丽的对象？动物在它的伙伴做出佯攻的假动作时，是否会说"好样的！"并宁静地会意一瞥？人类作为旁观者也一定能理解这一行为。

在某些情况下，我们必须肯定地回答这个问题，如果我们认为"构想"是审美享受的本质。

动物游戏理论（Theories of Animal Play） 游戏对动物的意义和价值的问题，最近引发了非常有启发性的讨论。现有两种主流理论。

较老的理论认为，玩耍不过是动物机体多余神经力的释放。动物会在感到精神饱满时玩耍。马在清晨精力充沛，充满活力，到了晚上就不那么活泼了。狗在精疲力竭时会躺下休息。这被称为剩余能量理论（surplus-energy theory）。

这一理论的问题在于，它不足以解释上述游戏的特征。如果只是释放多余的精力，游戏应该是发自本能的，为什么会有某些复杂而根深蒂固的表达渠道？我们在清晨更有精力，但这并不能解释为什么会一直喜欢甚至沉迷于各种复杂游戏。此外，普通动物和儿童也会在极度疲劳时继续玩耍。例如，一只看起来已经完全"累瘫了"的狗，也会因无法抗拒伙伴们的邀请继续追逐玩耍。此外，如果说游戏是物种的一般特征，那为什么不同种类的动物都有各自独有的游戏？我们很难看出这是如何发生的，除非有更深层次的原因作为依据，每一个物种都借此学会了它所沉迷的特定游戏形式。

针对这些反对意见，该理论的拥护者反驳说，模仿的本能解释了能量释放的特定方向。小猫的游戏和猫的游戏一样，因为小猫习惯于模仿大猫。当它开始玩耍时，是和猫在一起的，所以会在习惯性的模仿通道中释放出多余的能量。通过这种方式，它可以学习所属物种的游戏。这很能说明问题：它们所做的大多数游戏都是模仿来的。但这并不能弥补这个理论的缺陷。因为正如我们上面所看到的，许多动物游戏根本不是由个体学习而来的，相反，它们是源于本能的。动物不会等待通过模仿来学习其所属种群的游戏，而是以自己的方式开始游戏。除此之外，许多形式的动物游戏根本不具有模仿性。在这些游戏中，动物们虽然合作，但并不扮演相同的角色。幼崽在游戏中会做妈妈没有做过的行为。

所有相信进化论的人都反对这一理论。剩余能量理论认为，动物生命中最具普遍特征之一的游戏冲动，仅仅是意外事件或副产品，只是在消耗剩余能量。它对动物没有任何重要意义。我们不能说游戏已是一件非常复杂的事情，它实际上是由进化规律决定的。因为我们总是会假定动物的生存属性或特征足以使它们在斗争中生存下来，否则，它们将无法延续到下一代，也无法逐渐完善其能力。

总而言之，我们认为剩余能量理论是非常不充分的。

因此，如果我们要解决这个问题，就必须提出另一种理论。这种理论在近期才得以发展。它认为，动物游戏对它们来说是最有用的：动物以一种特殊的方式锻炼幼崽——尽管像是在让孩子们玩耍——但为了以后的生存，幼崽们必须认真参与其中。通过对动物行为进行调查，将每一个案例中的幼崽行为与同一物种的成年动物进行比较，我们得到了大量可以证实这一理论的案例。通过游戏，幼崽会对以后生活中的斗争、享乐、合作、失败、紧急情况等存有期待，通过学习如何应付所有这些情况，它们可以准备好迎接成年以后的责任。根据这个理论，每次游戏都变成了一个适应自然的美好案例。小猫玩球时，就像大猫在抓老鼠；小狗们一起摔跤，学会了用牙齿和爪子打架；小鹿通过赛跑，比试速度，学会了如何躲避敌人。如果我们观察幼小的动物玩耍，就会发现，它们的所有肌肉或神经都得到了初步的训练和锻炼；而控制玩耍的本能倾向，会将这些活动直接引入后期生活习惯所要求的行为中去。

在这个观点中，游戏变得极为有用。它不是副产品，而是动物生活的重要组成部分。高等动物的幼年期被延长，以便给幼崽时间去学习它们所需要的一切，以适应严酷的生活条件。在游戏本能中，动物以一种最重要的方式充分利用了幼年期这段时间。成年动物温柔地和幼崽们一起玩耍，不停地重复同样的练习，用不懈的努力来训练它们，使它们变得更加坚强、更有耐力和技巧，这样的画面实在太美好了。

在这个理论的基础上，我们很容易理解不同物种的游戏之间存在差异。实际生活条件不同，物种习性也就各不相同。这只是对该理论的另一种论证，我们发现这些游戏对幼崽来说是很自然的，还可以训练它们养成成年动物所具有的习惯。

这种观点现在已被普遍接纳。在阐述观点的过程中，我们可能需要引述许多有趣的画面。简单的例子如跳跃游戏——山羊和小鹿跳跃的区别。当山羊在平地上玩耍时，上下跳跃，没有取得任何进展，反倒显得非常滑稽。与此相反，成年鹿通常在平原上生活，会做出优雅的纵跃。从这个角度来看，那些生活在悬崖峭壁中的山羊，唯一有用的跳跃是幼羊所练习的上下跳跃；而小鹿在平原上生活时，总是需要奔跑纵跃。

根据这一理论，游戏成为一种进化手段，因为它在动物生命的进程中具有实用性。我们可以认为，游戏在其显著的多样性和形式美中得到了完善。

在心理方面，我们发现了这样一个事实：幼崽主要通过游戏情境获得早期教育。游戏具有非凡的教学效果。更重要的是，游戏是获得实践教育的自然和本能的方式。这对个体来说同样具有最高的效用。

无论对于身体还是心理，我们都发现，游戏阐述了动物特性塑造的原理。它使幼小的动物具有灵活性、可塑性和适应性。游戏补充了所有其他本能不完善的功能，给了幼崽一个新的生存机会，进而决定了该物种的进化方向。动物的准社会性和群居性习性可能在很大程度上归功于游戏冲动，其途径是将这些倾向固定为各种动物物种的本能。

在下一章中，我分析了一个儿童游戏，并从中得出了一些推论。可以说，在儿童游戏中，儿童获得了思维和肌肉的灵活性，而他们成年生活中的社会合作和个人能力也主要靠此体现。当然，对于儿童来说，游戏并不是早期学习的唯一方式，尽管它的作用举足轻重。我们必须通过其他方法让儿童获得更大发展，但其他方法不应妨碍这种自然教育，而应该在智力的补充下指导游戏运作并扩展游戏范围。

第四章
儿童心理学——儿童的心理

现代心理学最有趣的内容之一就是对儿童心理的研究。这也是受普遍关注的话题之一，我们普遍对儿童的反应更加亲切，并且可以本能地看到他们的天真和单纯。然而，尽管这么说会有些刻薄，但人们对儿童的普遍兴趣并没有给关于儿童的科学研究带来什么帮助。即使到了今天，很多有价值的结果显示，正确研究儿童心理的主要阻碍在于过度热情和缺乏指标保障。尤其是在美国，"儿童研究"已成为对科学方法、原理知之甚少的家长和教师们追求的时尚，有影响力的教育工作者们招募的所谓"观察者"，不加区别地记录儿童的行为。这个过程既没有提出明确的问题，也没有辩证思考的步骤。因此，本章从一开始就清楚说明，并不鼓励家长或其他非心理学专业人士记述观察结果；此外，作者还认为，最近的大量出版物在很大程度上毫无价值，它们仅是堆砌了各类观察结果；而进行观察的人，有的有心理学研究资质，有的则没有。

另一方面，本章仅所需的前提条件，就像在其他需要精确观察的领域中一样，是非常清晰的。学习儿童心理的学生应该全面了解一般心理学的原理，以便在观察过程中区分出儿童的特点及特殊之处；他们还应该在想法和解读上有足够的创意，以抓住儿童行为中的宝贵之处，将其与普通行为区分开来，同时设计情景甚至实验，进而在一定程度上控制儿童那些看上去有价值的行为。翻看儿童成长问题的历史，我们不难看出对这些品质的要求，即使最有能力的心理学家也十分认同。结果表明，每个观察者都逐渐掌握了对该问题的控制权，他们批评前辈的方法和结果，直到形成某些观察和实验的规则，以适用于对儿童生活中事件的多次观察。

为了说明这类问题，心理学家们已经做了细致而重要的工作，涉及儿童的反射运动、感知的产生和发展（如颜色）、辨别力和偏好的发展、左右利手的起源、模仿的产生、生物机制、模仿的意义、言语和书写的习得、儿童的人格意识和社会意识的增长，以及身体成长及心理发展的规律等。然而，在所有这些情况下，存在很多很不精确的情况。我将要得出的结果主题可以被视为典型的主题，它有完整的体系，不仅仅适用于个案。

然而，在讨论特定问题之前，我们应该先了解儿童心理研究的一般意义。我们对积极的结果抱有希望，事实上，心理学主动认识到这些问题，并致力于解决它们，才使得该话题变得重要。用科学的方法研究儿童，实际上是在把一个改革后的自然科学过程引入心理学。它注定要革新道德科学，使其在很大程度上成为自然科学。关于心理学的重要问题是：它是如何发展的？在积极地对其早期阶段和成长过程进行认识的过程中，我们能从其活动和本质中得到什么启示？这就引出了其他问题：儿童的成长与普通动物的成长有什么关系？如何通过遗传和社会影响，促进种族、家庭和社会的发展？所有这些都只能从进化论的角度来理解，进化论使生命科学重新焕发了生机；我们现在开始以同样的角度来看待心理科学的复兴，也就是说，心理学正在变成"遗传"学科。

从这个角度来看，我们将儿童研究的益处简要概括如下。

1.儿童的意识非常简单，它们只是儿童的感觉或记忆，而不是其自我观察。在成年人的心理中，自我观察确实会带来令人不安的影响。人不可能准确地说出自己的感受，因为通过自身注意去观察感受会改变其特性。人的意志也很复杂，它涉及自尊和自我意识。但是儿童的情绪则像喷泉一样，是自发的；它在精神生活中的作用表现在行动上，纯粹而没有计较和欺骗。每个成年人周围都有一个自己编织的习俗和偏见之网，它反映了所处环境的社会礼节，也失去了童年特有的自发性；每个人都独自建起一个与世隔绝的小世界。正如培根所说，"我们不仅受制于市场幻象（idols of the forum），还要受到洞穴幻象（idols of the den）的影响"。

相反，儿童还没有意识到自己的重要性、血统、社会地位以及宗教信仰，他们没有通过时间、地点和环境的这些镜头来观察自己。他们还没有把自己变成神像，也没有把世界变成神殿；我们可以把他们从复杂烦琐的共生物中区分开来进行研究，而这些积累将是他们后来自我意识的沉淀。

2.儿童研究往往是检验我们分析真实性的唯一手段。如果我们认为某种精神状态是由简单元素结合形成的，那么我们可以诉诸儿童的适当时期来观察这种结合的发生。从婴儿到成人，成长的范围是如此之大，但在心理禀赋方面，儿童心理生活的开端却是非常低级的，所以目前心理学中对所有问题的分析几乎都可以用这种方法来检验。

在这一点上，儿童心理研究比动物心理研究更有价值。普通动物永远不会成为人类，儿童则会长大成人。普通动物在某些方面代表了人类成长之树的一个分支，在其他许多方面则远远落后于人类。在研究普通动物的过程中，我们总是担心其与人之间的类比可能无法成立，担心其根本不具备某些对人类心智发展至关重要的因素。类比是比较解剖学的一种方法，也是心理学中的一种方法。在后文提及的大脑功能定位问题上，猴子可以与人进行类比，狗却不能。但是在儿童研究中，我们可以确信一名正常儿童肯定会成长为一个正常人。

3.在研究儿童心理时，我们有一个优势，那就是在身体方面相对简单：我们能够在生理过程相对简单的时候，也就是说，在神经系统发育成熟之前，考虑生理过程。例如，心理学家曾认为我们有一种"语言能力"——一种先天的心理禀赋，我们对这种禀赋无法做进一步分析，但当我们研究婴儿大脑时，却缺乏对这个观点的支持。我们不仅没有找到一系列现在被称为"言语区"的中心，即使是那些我们已经发现的中心，也没有单独或共同发挥这种功能。换言之，语言所涉及的各个中心的主要功能不是言语，而是一些其他更简单的功能，言语是这些独立功能相结合后产生的。

4.在观察儿童时，我们可以更直接地应用实验。这里的"实验"既指感觉实验,也指通过暗示、社会影响等直接对意识进行的实验。在成人实验中,如在听到信号时做一个自愿性动作等,受自身考虑、习惯、习俗、选择等的影响,反应变得复杂,因而出现了很大的困难。被试者听到一个声音,识别它,按下一个按钮。声音在传入及传出神经的过程中发生了什么?无论如何,它代表了一个非常复杂的大脑信息处理过程。到目前为止,任何固定或简化大脑过程的东西,都能使结果变得更加确定。因此,在自愿行为等类似实验不确定且十分可疑的情况下,对反射行为进行实验是有价值且是有决定性意义的。儿童的头脑相对简单,因此可以提供一个更有效的实验领域。这可以从婴儿对强烈刺激的反应中看出,如对明亮的颜色的反应等。

由于对儿童心理学优势的回顾不够充分,因此我们要指出滥用儿童心理学的危险性。这种危险是真实的。儿童生活的特征非常简单,这往往是极具误导性的,因为简单的问题有时是模棱两可的。例如,儿童的两个动作可能看起来同样简单,但一个可能是适应性动作,学习时非常痛苦、复杂,而另一个可能是非适应性动作,确实简单。受遗传规律影响,即使是在儿童有意识生活的最简单的表现形式上,他们的差异也非常显著。我们没有资格说:"这个孩子能做到,所以所有孩子都必须做到。"在观察单个儿童时,我们通常说得最多的一句话是:"这个孩子做到了,因此另一个孩子也可能会做到。"

无疑,以下评论可能会使那些留意观察儿童的人受益:

1.在儿童发展史中,我们不能确定某个特定心理过程发生的时间。这些观察现在被广泛地记录下来,有时被用来表示第一年或第二年所取得的进展。然而，结果表明，这种划分并不严格。像任何其他机体的生长一样，神经系统在有利的条件下可能发展得很快，在不太有利的条件下可能发展缓慢，而心智成长在很大程度上取决于大脑的成长。我们只有在非常宽泛的限制范围内，才能标记出这些时期。

2.心理状态在特定时间发生的可能性必须与其必要性区别开。针对在给定条件下可能不会发生的理论，单个可明确观察到的事实有决定性意义。例如，婴儿在接受食物时的适应行为不能归因于智力和意志，但对于出现的原因是什么，即有多少神经发育，需要多少经验等问题仍然没有定论。值得强调的是，在推翻一个理论时，一个案例可能具有决定性作用，但前提条件很少能简单到可以让单一案例在建立理论方面具有决定性作用。

3.然而，根据成长本身的原则，主要心理功能的发展顺序通常没有大的变化，因此，对儿童最富有成效的观察是那些表明这种行为先于另一种行为出现的观察。这种复杂性最终变得非常显著，以至于在心理方面似乎根本没有前后关系，但如果儿童在成长阶段表现出某个过程有明显缺失，我们立刻会想到成长规律。例如，如果在儿童开始使用词语或掌握清晰的发音之前，建立了关于儿童可以做出推断的决定性个案，该案例就举足轻重，可表明思维可能在某种程度上独立于言语而发展。

最直接的结果是从给定的角度通过系统实验获得的，是由称职的工作人员仔细记录的一般性观察结果，对最终可能提供的解释十分重要。这样的观察应该涵盖儿童的动作、哭声、冲动、睡眠、梦境、个人偏好、肌肉力量、表达尝试、游戏、喜好等所有方面，并且应该随时将其记录到日常记录簿中。正如我所说，什么重要和什么不重要，是需要学习的。任何研究人员都应该事先熟悉一般心理学和生理学的原理，并应听取训练有素的观察者们给出的实际建议。

到目前为止，我们在这一领域所做的许多观察都是由普通母亲所做的，母亲对儿童的了解与对月亮或野花的了解不相上下；或者是由普通父亲所做的，但他们中的一些人一天只见孩子一个小时，还是在孩子已经穿好衣服的时候，他们一生都不曾和孩子睡在同一个房间，更不用说同床共枕了。普通母亲和优秀心理学家的区别在于：普通母亲缺乏理论知识但有兴趣；一些心理学家虽无兴趣，却有理论知识。母亲可能会照顾有十几口人的大家庭，却无法做出值得信赖的观察；从一岁婴儿的声音中，心理学家可能会检验神经学家和教育者的理论，这对孩子的未来养育至关重要。

至于儿童实验，只有心理学家才能承担这项任务。在婴儿时期，身体和心理的联系是如此紧密，普通动物都可以对理性行为做出如此多的模仿。在本能、冲动和外在需求的引导下，儿童是如此无助，这项任务太难了，更不用说心理萌芽是多么细腻和柔软。而且其他人也在做实验！每当我们把孩子从家送到学校，他们就会面临最严肃且最令人担忧的实验。孩子落入教师之手后，教师往往不仅无法对孩子进行智慧上的救赎，而且有时，他们是一台机器，对无数各不相同的孩子进行单一的实验。完全可以肯定的是，许多孩子的心理和道德发展在学校中受到了无法挽回的损害或阻碍，但我们不能完全肯定他们在家接受教育会取得更好的成绩！孩子们经历了如此多的不明智的实验，在真正的洞察力和心理信息的指导下，一个策划好的小实验可能会对他们有好处。

儿童实验方法（Methods of Experimenting with Children） 在努力将婴儿的记忆、认知、联想等问题带入实际实验中时，我们在理解儿童的声音和其他反应时总是陷入尴尬境地。当然，研究儿童心理的唯一方法是通过其神色、面部表情、语言、声音和动作。第一个问题，幼儿做了什么？后面必须紧跟第二个问题，他这样做是什么意思？如我所说，第二个问题，是更难的问题，需要更多知识和洞察力。从表面上看，我们越是从简单的遗传或反射反应进入儿童生活，这些过程就越复杂，分析它们的难度也越大，越难得出它们背后的真实心理状况。

为了说明这种困惑，这里引用心理学家试图通过儿童实验解决的少数问题之一：确定儿童对不同颜色知觉的出现顺序。第一组实验向儿童展示各种颜色并要求他们说出名字，结果以正确答案所占百分比表示。这个实验涉及至少四个各不相同但密不可分的问题——①伴随色觉的完全发育，需同时区分面前展示的不同颜色；②在看过一次后识别颜色的能力；③儿童的色觉、听力和言语记忆之间的联结。通过这种联结，儿童可以在心里给出颜色的正确名称；④对所认识的各种颜色名称的发音要同样熟练；还有一件让人为难的事，即任何涉及联想的过程都与儿童生活一样多变。儿童在可以区分物体和某些颜色后需要很长时间才能发音，这一简单事实表明，就颜色的第一感知这个问题而言，使用该方法得到的结果几乎没有价值。

上面提到的第四个问题是困惑的真正来源，这一事实表明，儿童知道许多他们不容易发音的词语所代表的含义。意识到这一点后，进入问题发展的第二阶段：一种颜色被命名后，要求儿童挑选出这种颜色。他们给出了不同于第一阶段实验得到的结果——在第一阶段实验的答对的结果中，蓝色和红色领先，而第二阶段实验则是黄色领先，蓝色排在末尾。

进一步的反对意见是，在学习颜色名称之前，儿童可能会先区分颜色，或者该颜色名称可能会被儿童与其他颜色名称相混淆，因此出现了问题的第二阶段。在这一阶段，"识别"方法取代了"命名"方法。这包括向儿童展示一张彩色磁盘，不是要求他们说出颜色名称，而是让他们从中挑选出相同的颜色。

这样就把问题简化到了上述第二点。这是检测色盲的常用方法，色盲由于视力缺陷，根本无法分辨某些颜色。这很好解释了色盲。对于水手或信号员来说，我们真正想知道的是，当信号重复时，他们是否能够识别出给定的信号；也就是说，他们是否知道绿色或红色与他们之前看到的绿色或红色是相同的？但很明显，该问题还存在一个更基本的问题，即色彩感知。当一名儿童能很好地分辨并排的各种颜色时，他很可能无法识别出单独的颜色。那么，最后一个问题就是：儿童什么时候能获得色觉（而不是识别）？获得顺序是什么？

为了解决这个问题，我们似乎应该对儿童进行实验。当儿童在学习说话方面取得了相当大的进步之后，上述结果都得到了保证。

为满足这一要求，可采取适用于一岁以下幼儿的另一种方法：展示颜色，然后引导幼儿去掌握它们。这种方法的特点是能引发一系列实验，实验结果以婴儿最基本的行为为依据，操作简单方便，具有广泛的应用价值。在这方面，幼儿的手部动作几乎是理想的。手反映了儿童的第一感觉，成为语言器官之外最活跃的器官。我们发现自发的手臂和手部动作——反射动作、伸展动作、抓握动作、模仿动作、操纵动作和自愿努力，依次反映了幼儿心理的发展。

为说明这一方法，下文我会引用自己对幼儿的颜色和距离知觉，以及右利手问题所取得的一些研究成果。

距离和颜色知觉（Distance and Colour Perception） 在我女儿汉斯九个月大时，我对她进行了一项实验，希望了解她对颜色知觉的确切状态，并研究她的距离感。在这种情况下，实验时让婴儿保持一个舒适的坐姿，用一条布带绕过她的胸部，将其牢牢固定在椅背上。她的手臂裸露，动作完全自由。不同颜色的纸片在她面前以不同的距离、方位依次展示。纸片用一个框架调节。一根以英寸[1]为单位的水平杆从椅子后部伸出，与她肩部平齐，并在向前伸直时与她的手臂平行；在该水平杆上搭载另一根杆，也以英寸为单位，与第一根杆成直角。这样，第二根杆直接位于汉斯前方的水平线上，与肩膀平行，与双手的距离一样远。第二根杆可以在第一根杆上滑动，以便汉斯根据所需距离处进行调整。在第二根杆上，不同颜色依次排列，目的是刺激她伸手去抓握。我发现，汉斯从未厌倦这个实验，整个实验过程给了她很大的满足感，成了她每天都能愉快参与的游戏之一。每次坐下后，她都会得到某种奖励。我得出了217个实验结果，内容涉及颜色和距离。其中111个结果与5种颜色有关，106个结果与普通报纸有关（报纸被选为一种相对中性的

1　1英寸=2.54厘米。

物品，没有汉斯喜欢或厌恶的颜色）。

颜色按照吸引力的顺序排列：蓝色、红色、白色、绿色和棕色。蓝色和红色之间的吸引力差异非常小。这证实了上述第二种实验的结果。经过这样的测试，棕色对汉斯而言似乎是最中立的颜色。另一方面，白色比绿色更具吸引力。很遗憾，我的清单中没有黄色。报纸的可及范围为9～10英寸，最远可达14英寸，与颜色的平均吸引力差不多，甚至和红色具有相似的吸引力。但是，这可能是因为报纸实验紧随大量颜色实验，刺激与其距离之间有了更精确的关联。如果报纸的可及范围在15英寸及以上，被拒绝率达93%，而蓝色在这一可及范围内的被拒绝率只有75%，红色为83%。

在距离问题上，汉斯总是拒绝伸手抓握任何离她16英寸及更远处的东西。在15英寸的地方，她拒绝了91%的物品，拒绝的物品中，彩色纸片被拒绝了90%，报纸被拒绝了93%。在更近的距离处，我发现安全距离与颜色知觉间的关联在早期阶段有显著一致性。在14英寸距离处，只有14%的物品被拒；在13英寸距离处被拒率只有7%左右。由于棕色的影响，11英寸和12英寸距离处的被拒绝率比13英寸和14英寸距离处的被拒绝率更高，当超过10英寸时，棕色一直被拒。当其他有吸引力的物体被放在远距离的地方时，没有人会拒绝在可及距离（10英寸）内的物体，这个事实可以说明以下两点：①视觉对距离在一手臂长度内的估计最为精确；②在这个年龄段，行为暗示现象非常一致，这是儿童研究方法的基础，下文会再次提及。关于第一点，我们应记住，婴儿直到第四周或第六周才开始伸手抓握他看见的物体，所以很明显，这些模糊的因素，如大小、视角、光线等，都意味着与眼睛的距离，与手臂的伸展运动有明显联系。这种方法采用了适当的预防措施，避免了许多使用其他方法的困难。然而，它对正确程序有一定的要求，任何对婴儿进行实验的人都必须重视它们。

首先，儿童特别容易受到变化、新奇或快乐暗示的吸引。通常，他们对刺激没有反应是由于分心或不适，而不是缺乏内在兴趣。同样，疲劳也是一个相当重要的因素。关于疲劳，我应该说明，在一系列刺激中，如果出现不安或丧失兴趣就已经是很强烈的警告了，所有进一步实验的尝试都应该停止。通常情况下，儿童处于不适状态，有轻微的神经过敏等，实验人员应该事先观察到，不应再采取任何行动。在不改变儿童位置、用歌曲或游戏来保持儿童注意力以重新开始实验的情况下，系列实验的尝试不应超过三次。此外，对于一种颜色，在不改变其他刺激的情况下，任何单一刺激都不应重复两次，因为儿童的渴望或警觉是通过第一次努力得到满足的，并且需要新的事物再次取悦。在一次或两次努力之后，实验人员应该给儿童一个可以抓住或者可以玩一会儿的物件，否则，他会逐渐理解为，整件事情都只是"可望而不可即的诱惑"。所有这些问题的处理，很大程度上取决于实验者的知识和耐心，以及他在整个过程中保持儿童在正常状态下愉快地进行肌肉运动的能力。

在开展颜色实验时，为了使结果精确，有几点要求。选择的颜色是否应该在纯度、强度等方面相同？在提到这些差异时，我认为需要运用良好的比较判断进行谨慎决定。在恒定的光照条件下，目标强度大致相等、无光泽、光谱纯度相对明显的颜色，就是所需的全部条件。由之前提到的更重要的因素（如注意力状况、干扰性噪声、视野等）所引起的变化，比刺激中任何一种更深奥晦涩的变化都具有更大的影响。然而，强度和光泽当然也很重要。要仔细选择光照恒定的房间，并在每天相同的时间进行实验，如果颜色本身也同样明亮，则可以获得有规律的亮度，使用彩色羊毛或吸墨纸可以排除光泽影响。上述实验中使用的是彩色吸墨纸。忽略黄色是因为周围没有令人满意的黄色纸张。

现在描述的方法可以通过以下关于幼儿惯用手的实验进一步说明。

右利手的起源（Origin of Right-handedness） "为什么我们是右利手，或左利手？"许多人都有这个疑惑。近年来，鉴于神经系统的一般生理学的进步，这个问题又重新回到大众视野。当然，我们现在处于一个更好的位置，能够明智地提出并希望解决这个问题。迄今为止左右利手人口数量相差悬殊，我们还没有准确观察到幼儿右利手比例上升的实际情况。为了搞清楚事实，我们开展了以下实验。

我的女儿汉斯被安置在一个舒适的座椅中，手臂裸露并可以自由活动，允许接触到摆在她面前的物体，这些物体的位置由上文所述的简单水平杆精确记录。实验在每天的同一时间开展，从她四个月大直至十个月大。这些实验是精心策划的，特别是对几种假设的测试。这些假设虽然对研究过生理学的人来说有些肤浅，但经常在关于这一主题的出版物中重复出现。这些相关理论于我的实验而言是至关重要的。人们经常认为，右利手源自保姆或母亲抱孩子的习惯。这个理论对于母亲对儿童的影响没有解释清楚。如果母亲是右利手，会用左臂抱孩子，以便用右臂做事。我发现我与我观察过的保姆和母亲都有这种倾向。但是这样会让孩子的左臂自由活动，所以右利手的母亲会养育出左利手的孩子！同样，如果母亲或保姆是左利手，则孩子往往是右利手。或者，如果像文明国家那样，保姆在很大程度上取代了母亲，那么大多数保姆都必须是左利手，才能使大多数孩子成为右利手。现在，这些推论都不是真实的。此外，事实上，养育者是双手抱孩子的。

另一种理论认为，右利手是身体两侧的重量不同造成的。这会给身体的一侧带来更大的压力，并为另一侧提供更多的锻炼和发展机会。这显然是假定孩子在学会站立之前既不是左利手，也不是右利手。我下面给出的结果显示这个理论是错误的。我们再次被告知，婴儿因为经常被放置在同一侧睡觉而养成了右利手的习惯；当采取预防措施——交替将婴儿放在左右两侧睡觉时，这一理论的说服力锐减。

在汉斯的案例中，我谨慎地执行了一些预防措施。她从不被抱在怀里，从不在哭泣或睡不着时被抱着走动；她经常在熟睡中被人翻身；直到实验结束后的一段时间，才允许她双脚保持平衡。我们仅可能减少对右利手形成有利的环境影响。

这些实验除了涉及颜色之外，还涉及伸手去够或近或远的许多其他物体，以及不对称方向的实验。我给出了一些实验结果的细节，在这个实验中，简单的物体被使用了四个月，从汉斯五个月大持续到九个月大。每次坐姿的实验次数从10次到40次不等；在每一轮实验的后半部分，我会根据从窗户透进的光线和观察位置的不同调整汉斯的位置。

在此期间，看不出左右利手的迹象，事实上，左右手的使用很自然，没有任何偏爱。

之后我有一个想法，即更严格的距离测试可能会影响结果，并显示出明显的左右手优先反应。因此，我继续使用中性刺激，但将其放置在离汉斯12~15英寸的地方。这导致她非常紧张，一些身体活动的迹象（咽部呼吸声加粗、血液上冲头部、脸蛋潮红等）随之产生。为了避免疲劳，每个系列的实验数量（1~12）都有意地减少。

结果非常有趣。截至6月15日的一个月时间里，汉斯在10英寸这个她很容易就能够到的距离内，对左右手都没有明确的偏好，但稍微偏向左手；然而，在同一时期，对于需要努力才能做到的动作，如抓住12~15英寸远的物体，她明显是个惯用右手的人。对于更远的距离，使用左手仅出现5例，而使用右手有74例，而且，左手的5例都是出现在12英寸的距离条件下，在长距离的45个实验中，她完全没有使用左手。

为了进一步验证这一点，我改变了刺激物在左右两侧的暴露点，目的是吸引一侧或另一侧的手，从而确定这种偏好是否仅限于方便接触邻近物体。

身体前方向左的偏离只会使右手更加用力，也更加不可能使人再使用左手。这似乎表明，右利手并非个人在右手最简单范围内主要用于触及、抓握、握持等的经验积累的结果。右手会有规律地占领使用左手的范畴。

这样得到的提示，似乎暗示左右利手的偏好会受到视觉刺激的影响。我将手部观察引入一系列实验中，这些实验已经提到同一儿童对不同颜色的感知。对儿童来说，颜色刺激是最强烈的诱因，在决定使用右手时，颜色的影响可能与实验中描述的距离增加是相同的。结果表明，这种推断是正确的。

应该补充的是，在双手同时使用的情况下，两只手明显互相独立于彼此，并且同时积极地冲向目标。在许多其他情况下，如果使用了右手或左手，则另一只手也以从属和无目标的方式移动。在某些情况下，双手的使用存在非常显著的差异，有时轮流使用，有时同时使用。罕见的是，第二只手没有跟随或陪伴第一只手；极为明显的是，猛烈伸展中主要使用的是右手。这一动作几乎总是伴随着另一只手的无目标、无结果的对称运动。

关于使用双手这一系列的实验结果可以表述为以下几点，上文也对此做过简要介绍。

1.实验发现只要没有剧烈的肌肉运动，就不会持续偏好使用任何一只手（基于2187例双手在身体周围自由运动的系统实验，其中：右手577例，左手568例，相差9例；双手1042例。9例的差异太小，没有实际意义），实验周期从汉斯六个月大至十个月大（含第十个月）。

2.在相同条件下，双手同时使用的倾向是仅使用一只手的两倍（从上面数据来看）。

3.在第七个月和第八个月，汉斯明显倾向于用右手做激烈的动作。在第八个月的80例实验中，右手74例，左手5例，双手1例。这在两种截然不同的情况下均被证实：第一，伸手去够超过接触距离的中性颜色物体（报纸等）；第二，伸手够任何距离的明亮颜色，在亮色刺激的86例中，84例为右手，2例为左手。在第六个月和第七个月，在肌肉力量的推动下，右利手相应地发展起来，并且在强烈的颜色刺激下会有所表现。

4.直到这个时候，汉斯还没有学会站立或爬行，因此，左右利手的发展不是身体两侧间的重量差异造成的。因为她还没有学会说话或发出清晰的声音，所以我们也可以说，当言语中心还没有发挥作用时，左右利手可能就已经形成了。

从理论角度，在解释这些事实的过程中出现了一些有趣的观点。如果心理和生理功能的发展顺序是不变的，那么对于这个问题，如果对一个幼儿的观察结果是准确的，那么不仅时间绝对确定之外，其他幼儿的结果也会保持不变。

如果测试后发现它们正确无误，那么就足以回应迄今为止出现的几种右利手理论，正如上文提到的那样。因此，必须从更深入的生理学事实中探究这一现象兴起的原因，而不是从这些理论中得出。此外，如果动物实验所占比例比人类实验高，那些被认为是右利手原因的经验类比将不存在，因为动物不抱着幼崽，不拍它们睡觉，也不会和孩子握手！

充分的讨论会使我们得出这样的结论：右利手是大脑两个半球的发育差异造成的，这些差异是遗传性的，并会在婴儿一岁末时显现出来。

一种特殊的情况是：右利手和言语是由大脑同一半球的相邻区域控制的。如果我们发现在会说话之前，右利手已经用于表达了，就可以解释这一点，同时考虑其他因素来看这个解释也很可能是正确的。而语言的产生是为了进一步开发大脑中决定右利手的区域。音乐表达的位置在大脑的同一个脑叶中或附近。

儿童心理发展（Child's Mental Development in General） 许多心理学著述已经在大纲中简要概述了儿童心理的发展。儿童最早的意识也许只是来源于出生前经历的大量触摸和肌肉感觉。出生后不久，儿童开始将他的印象联系起来，并表现出记忆能力。但是这种记忆和联想都非常微弱，并依赖于强烈的刺激，例如明亮的灯光、巨大的噪声等。在早期阶段，对他影响最大的是那些使他陷入剧烈身体疼痛或给他带来快感的事物。然而，一个值得注意的事实是，在我们出生时就需要疼痛反射。直到四个月大，婴儿的整个生命维系都依赖于机体植物性的需求（即无情感需要）。三个月大的婴儿几天后就会忘记他的母亲或保姆。婴儿在三个月末时出现"注意"，首先表现在对明亮的灯光和响亮的声音的回应中。在相当长一段时间内，由环境引发的连续印象引发了纯粹的反射。然而，在灯光和声音的作用下，别人的行为很早就吸引了婴儿的注意。从反射到产生某种模糊兴趣的过程似乎首先与周围人的行为有关。这种兴趣在半岁时继续迅速发展，与婴儿自身舒适和不适相关的行为尤其如此。肌肉感觉与触觉、视觉的联系，使婴儿第一次清楚地认识到自己的身体部位和其他物体所处的位置。婴儿对自己身体部位的辨别，可能得益于所谓的"双重触摸"。当他触摸自己的身体时，如用手触摸自己的脚，他有两种感觉，一种是脚的感觉，另一种是手的感觉。当他接触其他物体时，情况并非如此。他很快就了解到了这种区别，并以模糊的方式标出自己身体的轮廓。然而，对于看不到的其他身体部位，他的了解远远不够。他的肢体伴随着视线积极地探索着，使他能够建立对世界的了解。了解到这一点后，他很快就会"尝试"空间中的事物。他开始了解事物是如何组合在一起的，以及它们的用途。

在动作方面，我们发现婴儿经历了对环境的一系列适应。一开始，婴儿的动作主要是随机输出或本能反应，如吮吸。然而在第一个月，他开始适应日常生活的暗示，这是习得习惯的最初表现。他学会了什么时候睡觉，要睡多久，什么时候吃饭，要吃多少；他很快发现这个人或那个人的独特触觉和语调，并根据这些分别采取行动；他开始了解奶瓶的含义，了解人们在房间里的日常活动，以及违反这些秩序的后果；他的帽子、围巾、小车，成为半岁内户外玩耍的信号；他直立时不再东张西望，并且开始控制自己的排泄。所有这些适应的非凡之处在于，它们发生在婴儿具有意志之前，因为正如上文提到的，此时大脑皮层中自发活动所必需的纤维尚未形成。

婴儿这种非凡的适应性让父母避免了许多焦虑和不眠之夜。实际上，让婴儿养成日常习惯太重要了！唯一的要求是父母要知道什么对他是好的，以及什么是不可违背的规律（inviolable regularity）。在这种情况下，他会"固执地"去做"有益于他的事情"，即便放纵或任性总会得到"不好"的待遇。他知道，被人牵着走路，哭的时候被人抱，醒来的时候被人哄，或者开着夜灯睡觉都是没有理由的。诸如此类的习惯都是父母娇惯的坏习惯。婴儿适应了他所受的待遇，他的习惯则反映了这种待遇。

在六个月到一岁期间——在个案中或早或晚——婴儿开始模仿。从此以后，在接下来的几年里，婴儿最具特色的行为就是模仿。他首先模仿动作，然后模仿声音，特别是人声。模仿本身显示出了他的进步。起初这种模仿被称为"简单模仿"（再次强调比较心理学一章中已经提到的区别），就像婴儿清晨躺在床上一遍又一遍地重复同样的咿呀声。他听到了自己的声音并对其进行模仿。在这种模仿中，他只是本能地在不受控制或干扰的情况下再现他所听到的声音。他并没有对其进行改进，可能会一次次地错误发出同样的声音。但过一阵，他就开始了所谓的"持续模仿"，即"再试一次"。坚持不懈的模仿清楚地表明了意志的存在。婴儿不满足于简单模仿或单纯重复，无论其结果是好是坏。他现在发现了自己的错误，并有意识地对其加以改进。请注意下面这个过程——婴儿模仿别人发音，并努力将词语说对，然后他成功了。他坚持试了一次又一次，渐渐能控制住肌肉。

在两岁初，婴儿通常会有进一步发展。他知道模仿是一种学习方法，就尽其最大努力进行尝试性模仿。他此时已经准备好去学习今后伟大培养过程中的大部分文化内容了。说话、写字等各种成就都是通过尝试性模仿来学习的。

我们之前讲过婴儿试图画画或写字的例子。婴儿盯着摆在面前的一幅画，手和手臂的肌肉大幅度收缩，他扭动舌头，弯曲身体，双腿并拢，屏住呼吸，把精力集中在模仿这幅画上。这一切都是他进行尝试的表现。

他做了大量动作，一次又一次地尝试，正确的动作逐渐被挑选出来继续练习，多余的动作被摒弃，直到他拥有了对手和手臂的必要控制权。如果一个婴儿看到别人把橡皮放在铅笔的末端，那么他会以最粗糙的方式进行模仿——这不过是一个一岁大的婴儿最爱做的一类事罢了。多么混乱无效的模仿啊！经过反复努力，他的模仿越来越接近成功，直到最终成功。

在行为方面，儿童心理学已经制订了两个一般原则。这两个原则在现在的案例和实验中都得到了说明。一个原则是行为暗示（motor suggestion）。正如我们所看到的，它是一般心理学原理。它对儿童的重要性在于，儿童通过行为暗示形成习惯，对环境做出有益反应，从而为自己省去许多无谓的错误。另一个原则是模仿。通过模仿，儿童可以对抗习惯，直接学习新事物。通过大量练习和尝试性模仿来学习知识，儿童不断地改变自己的习惯，做出新的适应。这两个原则也支配着成年人的生活。

人格暗示（Personality Suggestion）　我们还可以引用另一组事实来说明暗示在生活中的作用。暗示的重要性体现在儿童对人格特征的逐步掌握上。

婴儿对环境反应的显著倾向之一是对人格差异的认知，这也是对所谓人格暗示的回应。早在两个月大的时候，婴儿就能在夜间分辨出母亲或保姆的触摸。他了解握、抱、拍、吻等动作的个人特征，并以惊人的准确性做出抗议或默许的回应，以使自己适应这些变化。婴儿对人格的联想非常重要，在很长一段时间内，婴儿的幸福感或痛苦感取决于某种"人格暗示"的存在。这与婴儿对待非人事物的行为完全不同。这些事物会变得越来越不重要，但某些与直接满足食欲有关的事物除外，婴儿会对能直接满足食欲的事物做出常规反应。与此同时，人对于婴儿而言变得越来越重要，成为婴儿快乐和痛苦的不确定性因素和支配性因素。在这种特殊影响中，最重要的因素是婴儿所看到的人的动作，以及这些动作对婴儿的影响；随后，声音开始代表一个人的存在；最后，面部表情开始与人的所有属性画等号。

能区分人与物、中介物与客体之间的差别，是婴儿具有人格感（sense of personality）的第一步。在与人打交道的过程中，婴儿的不确定感或缺乏信心的感觉会越来越强烈。这种不确定感是由周围人的情绪变化、表情变化和对待方式引起的。人是一系列不稳定的经历的集合。为了使表达具有简洁性，我们可以假设这一时期是按发展顺序排列的第一个阶段，并称之为婴儿人格意识发展的"投射"阶段。

正是从这个阶段开始,婴儿开始完全意识到人是什么。当我们更仔细地观察他的行为时,我们发现婴儿成长的过程至少分四个阶段。鉴于这个主题的重要性,下面我们用一些细节来进行说明。

如前所述,对婴儿来说,第一件重要的事是动作。婴儿首先尝试直接把注意力稳定地集中在移动的物体上,比如摇曳的窗帘、移动的灯光以及抚摸等。之后,移动的物体很快不仅仅是好奇的对象,还成了给他带来快乐或痛苦的事物。是动作带给他奶瓶,调节着他洗澡的各个阶段,也是动作给他穿上舒适的衣服,给他唱歌,并哄他入睡。在这些复杂的感觉中,对婴儿来说,重要的是保姆的特征及其动作,因为这些可以使他立即得到满足或从痛苦中得到救赎。身体感觉上的变化是婴儿生命的重要特征,因为它保证了婴儿机体存在的规律性变化;这种身体感觉上的变化总是伴随着他所看到和感觉到的那个人的动作。我认为,这是婴儿对人格世界意识的最早反映。在这个阶段,婴儿的人格暗示是一种"痛苦-动作-愉悦"的精神状态。对此,他以微笑、啼哭和踢蹬来回应。毫无疑问,微笑、啼哭和踢蹬等类似动作使"痛苦-动作-愉悦"变得有意义。他正是靠这些动作摆脱痛苦或者获得快乐的。

许多事实证明了这一立场。当汉斯晚上睡着,我尽可能模仿保姆的动作移动她时,她会哭闹不止。她安于现状,如果现状发生变化,尤其是当保姆或母亲的动作被篡夺,她就会做出强烈的抗议。这些动作将新面孔这种陌生元素带入婴儿至关重要的联想过程,即"痛苦-动作-愉悦"过程,会扰乱婴儿所熟知的过程,从而构成了一种陌生的"人格"。

令人惊讶的是，新的偶然元素可能会成为这种关联的一部分。保姆动作的一部分、一个姿势及其特殊习惯，都可能足以使婴儿保持愉悦。我夜间哼唱的两个音符，对女儿汉斯来说代表我的存在，其他人哼唱的任何歌曲都无法取代。汉斯在14周大的时候，一根点燃的火柴会令她求食时的哭闹停止，尽管这不过是一个持续几分钟的准备食物的信号；而在任何其他情况下，一盏灯都无法停止她的哭声。

随着婴儿的人格意识开始萌芽，他们开始了解不同人格。很明显，婴儿意识中所感受到的另一个人的存在取决于规律性或重复性，正如所有的关联都取决于规律性或重复性一样。每当事件链开始时，他的期待感就会被激发。这很快会体现在两个方面：面部和声音。很容易看出，这是一种非常贫乏的人格意识，一台能够带来痛苦和减轻痛苦的移动机器也可能会起到同样的作用。除此之外，婴儿开始认识到别人对他是区别对待的，他们的个性中有一些不确定性或非规律性的因素。对于照看六个月到一岁婴儿的人来说，这种与日俱增的感觉是非常清晰的。有时妈妈会给一块饼干，但有时不给；有时父亲会笑着与婴儿嬉闹，有时他不笑。甚至来自祖母的疼爱也分时候。婴儿寻找着这些不同情绪和对待的迹象，因为他的失望及痛苦直接源于以前那种有规律的人的存在。借此，他才能实现愿望。

在婴儿发展的某一时期，他对人的感觉这一新的因素成了控制因素。他在家人面前的行为变得犹豫和警惕，尤其是在他学会观察面部表情，寻找是否有其预期的情绪指征时，因为现在面部表情代表着最规则和最微妙的特征。汉斯在20个月大之前对面部表情变化的反应，表现出了她对这些最微妙表情间差异的敏感性。正常儿童都是如此，动物在这方面也很在行。

在婴儿一岁至两岁期间，甚至更长的时间里，他对周围人的感觉都处于这个阶段。他对任何会影响他的行为或者他得到的任何信息，都会不断地问："为什么？"这见证了婴儿对人类善变的困惑。当然，他不明白"为什么"。所以，对他来说，最简单的事实是：妈妈愿意或者不愿意，这一点他事先是不知道的。他无法准确预见会如何被对待，当然也不会理解父亲或母亲行为背后的原则。

但在这一时期，他的意识正在萌芽，这种不确定性是其中的一个重要因素，是一颗意义深远的思想种子。他对人的感觉（移动的、愉快或痛苦的、不确定但自主的）现在变成了一种能动感（sense of agency），极具力量。这不是普通门枢的力量，也不是钟摆有节奏摆动的力量。个人能动性（personal agency）正在形成，并为社会意识的进一步发展提供了强大的动力。我认为，就在此刻，在婴儿生活中模仿变得非常重要。此时也是模仿的机会。婴儿看着别人如何行动，因为他自己的福祸取决于这个"如何"；他不知道该预期什么，他的头脑对每一个动作暗示都是开放的，所以他开始模仿。他将注意力集中在细节上，并根据模仿所表达出的适应原则，将这些细节付诸行动。

这是一个有趣的细节——在这个阶段，婴儿开始变得反复无常，觉得他可以做任何喜欢做的事。暗示开始失去运作的规律性，它需要满足婴儿日益增长的自理感。"小英雄"开始变得"逆反"。在这个时期，顺服开始变得艰难，他不仅发现了人格的外在表现，还发现了人格的内核，这意味着服从于他自己而不是他人的能动性，以及善变的自由。

尽管人格普遍存在不规律因素,但婴儿可以迅速地、更明确地区分那些经常与他接触的人。正如他以前所了解到的物体之间存在差别,现在他了解到了不同性格之间存在差别。每种性格的不规律性中或多或少地存在一些规律。性格有它的品位和行动方式、气质和命令类型。孩子在两岁之后会理解这一点。当父亲在房间时,婴儿所表现出来的行为不同。他会有选择地快速服从一个人。当有权惩罚婴儿的成年人不在场时,婴儿会大声喊叫,拉扯照看他的人,并做出理应受到惩罚的行为。在这个阶段,他对"人的认识"导致了他在行为上的显著差异。

婴儿此时会继续获得真正的自我意识和社会情感(social feeling)。这个阶段非常重要,我们将在下面的章节中单列一个标题加以阐述。

下面总结一下我们对人格暗示的看法。它是儿童获得有关人的信息的过程的总称。它大致经历了四个不同的阶段,所有这些阶段都说明了所谓的人格感的"投射"。[1]这四个阶段分别为:①基于特殊的"痛苦-动作-愉悦"体验的人类与事物之间的明显区别;②感觉到人们行为的不规律或反复无常,这是个人能动性的萌芽;③可能会模糊地感受到不同人的行为方式或性格之间的区别,并巧妙地反映在自身行为中;④在模仿过程中,婴儿萌发了自己的能动意识,从而获得了真正的自我意识和社会情感。

---

[1] 值得注意的是,从婴儿的羞怯中我们发现,别人在场时婴儿有一种天生的紧张反应。有趣的是,除了许多动物具有一般群居性外,在许多情况下,动物对同类或其他物种的存在会表现出特殊反应。狗似乎能通过嗅觉识别同类,猫也是如此,猫本能地对狗的气味有一种强烈的排斥反应。马似乎靠视觉做出判断。众所周知,家禽对同类视而不见,而依赖同类或幼崽的叫声识别同类。

自我意识（Self-consciousness） 到目前为止，婴儿只能很模糊地区分他自己和周围人。这些人对他来说是具有"投射性的"，身体和具体物品被归类在一起，因为它们有共同的标记。然而，在能动性上，正如我们所见，他已经开始在自己身上发现一个精神核心。这是由于他倾向于模仿他人行为而形成的。

当婴儿模仿别人时，通过与他们一起做同样的动作，可以发现别人的感受、动机以及行为规律，他渐渐地理解了其他人。例如，当婴儿看到父亲拿着一个别针突然扎伤了自己，然后父亲做了一个鬼脸，扔掉了别针时，这一切对婴儿来说简直就是一个谜：他父亲的行为是反复无常的、具有"投射性的"。但婴儿对这件事的好奇会以模仿的形式表现出来：他拿起别针，模仿父亲刚才的动作，他被扎伤了，于是就有了把别针扔掉的冲动。通过模仿父亲，他现在发现了父亲内心的想法、痛苦和行为动机。

许多例子表明，这种参照他人行为的方式对儿童发展具有双重意义。由于具有双重意义，它成为心理学中最重要的事实之一。笔者认为正确的伦理观和社会哲学观都是在此基础上建立起来的。

通过这种模仿，婴儿学会了将自己的身体力量感、快乐和痛苦与之前观察到但不理解的个人行为联系起来。父亲的行为现在变成了他自己的行为。因此，在他的思想中，周围人所特有的各种属性逐渐属于他自己。他现在是一个拥有自我能动性的人，并且理解了各种个人暗示。他所看到的人现在不再是各种"投射"（这种"投射"是固定的、外部的且是环境中的投射），而成为所谓的"主体"。各种细节被分组，并由在模仿中发挥作用的能动性来维系。

这就是我们所说的自我意识。它不是婴儿与生俱来的东西,而是婴儿逐渐习得的。它并不是一种清晰且独立的自我感觉,相反,它是在婴儿心灵中逐渐建立起来的,与婴儿形成对他人的想法如出一辙。婴儿看到别人做的事情后加以模仿,发现自己也可以做到。

自我意识贯穿我们一生。它不断变化,不断丰富。在仅仅前后两天的时间里,我们对自己的想法可能都不一样。今天我认为自己是值得骄傲的,明天可能会为自己感到羞愧。今天我从你身上学到了一些东西,这成为我们的共同点,成为你我共情的基础;明天我犯了你犯过的错误,我们的共同行为则成为我对你以及对自己不满的基础。

对人格进行模仿学习的第二个结果同样重要。当婴儿通过模仿采取行动并使其成为主观行为时,他不仅发现了人格的外在表现,还发现了人格的内核,他在其他人身上看到了这一事实。他对自己说:"我的弟弟也肯定有一种与我相似的能动性——他也模仿行为;他也有快乐和痛苦;他同情我,正如我同情他一样。到目前为止,我所熟悉的所有人都是如此。因此,他们和我一样,都是'主体'。这些'主体'有时比我之前认为的'投射'更丰富。"就他从其他人身上习得的具体特征而言,其他人在本质上变得像他——不仅仅像他,还变得完全一样。所有特征都将首先通过模仿这些人习得。儿童从其父母、老师等人处拿走什么,就还给他们什么。更确切地说,他还的更多。他此时意识到了其他人具有主观能动性这一事实。

这种认为别人与自己在本质上相同的观点,正是心理学家所说的"投射"自我（ejective self）的含义。在我看来，这是另一个人的自我；换言之，这是被我"投射"并寄居在别人身上的自我。

社会和道德意识（Social and Ethical Sense） 从中我们可以看出什么是社会意义。它是儿童或成人通过模仿，对自我或别人的自我的一种真正认同。你我之间的纽带不是人为的，而是自然的，就像对个人人格的认可一样。社会科学经常假设个体自然地将自己或自己的利益与他人或他人的利益分开，这种假设是对基本事实的违背。恰恰相反，婴儿从一开始就按照自己的成长规律与别人联系在一起。他的社交行为和感觉对他来说是自然的。婴儿不会纯粹自私，也不会纯粹无私。在不同情况下，他貌似自私或无私，但他始终是社会性的。

而且儿童的是非观、伦理观，都是在这种社会纽带感的基础上建立起来的。我在下面的章节中会做进一步解释。只有当社会关系被认为是儿童成长的必要条件时，我们才能理解道德生活对所有人施加的义务和责任。

如何观察儿童，特别是观察模仿（How to Observe Children, with Especial Reference to Observations of Imitation） 对所有希望观察儿童的人来说，有一两个因素是非常重要的。我冒昧地把它们放在一起，是想通过简要介绍来说明模仿的方式方法对儿童个性的影响很大。儿童的自我实际上是一个框架，在这种框架下，围绕儿童的人际影响带来了新的个性。

如果不能详细说明个人因素如何影响儿童的话，那么任何观察都是无关紧要的。这一点非常重要，因为经常与儿童接触的人屈指可数。儿童不仅仅是有可能，而且是不可避免地，会在遗传的限制下，通过模仿其幼年社交圈中人的行为、情绪等构建自己的个性。我们只需要仔细观察一名两岁婴儿，看看家庭成员给了他什么个性的"模仿元素（personal copy）"，以确认他是否经常见到母亲，却很少见到父亲；他是否经常和其他孩子玩耍，他们有什么样的性格；他是否正在成长为一个顺从、爱好平等抑或推崇暴力的人；他是否从外籍保姆那里吸取了一些低级无组织社会人格的元素。借用莱布尼茨（Leibnitz）的《单子论》（单子是能动的、不能分割的精神实体，是构成事物的基础和最后单位）中的理论，在新的背景下（一个小小的世界），婴儿是一个社会性的"单子"（monad）。这反映出了整个影响力系统激发了婴儿的感受能力。只要他的感受能力被激发，他就会模仿，形成模仿习惯。而习惯呢？它们就是性格！

一个类似于第一点的观点是：对每个儿童的观察应该非常准确地描述他与其他孩子的关系——他有兄弟姐妹吗？有几个？各几岁？他和他们睡同一张床还是同一个房间？他们经常一起玩耍吗？原因很明显。独生子女只能模仿成人。他经常无法解释父亲或母亲的行为。他的模仿非常盲目。他缺少一个年龄相仿的兄弟姐妹作为模仿对象。这种差异对他的成长非常重要。例如，他缺乏游戏的刺激。在这种游戏中，拟人化事物是自我的直接导师，我将在下文进一步说明这一点。虽然他在某些方面早熟，但他缺乏各种想象力及丰富的幻想，同时他的想象过程缺乏管束，不受控制。在他对社交情景的理解中，这种戏剧性的想象过程基本上是隐藏的。孤立儿童是一个很大的错误，特别是孤立一两个儿童。一个人被孤立可能很糟，但两个人被孤立时可能会受到社会危险因素的影响，我在下文会提到。

观察者应特别小心地报告所有与青少年儿童关系异常密切的情况，如学校或家中的偏袒、"柏拉图式的友谊"（platonic friendships）、"密友"（chumming）等。很多这类事例（这些事例各有不同）夸大了社会倾向和模仿倾向，把个人感情缩小到一种特殊的、良好的影响范围。无论是在对社会情感起源的研究上还是在教育实践上，相关书籍都从未对该领域做过研究。诚然，教师们意识到了学生同宿的利弊，并考虑到了可能会直接发生不道德或不健康传染，这种危险当然是真实存在的，但我们作为心理观察者，尤其是作为教师和儿童的引导者，必须更深入地思考。举个例子，考虑一下，对于一名十几岁的女孩来讲，老同学和室友可能对她产生的影响。这只是一个明显的例子，可用于说明所有被孤立的孩子会受到什么影响。女孩，这一敏感的生物，她的生命原本是社会之树的一个分支。当她被置于新的环境中，在她残缺不全的自我上嫁接个性，这不亚于一种全新的补给渠道。毫无纰漏地使其记住过去的经验教训，并增加她现在的性格结构组织，使用尽可能安全的方法确保尽可能多地对她施加各种社会影响。除此之外，允许她与室友一起吃饭、散步、聊天、休息、起床，室友在她面前就是一个模仿对象，很可能和她一样不成熟，抑或有单一的人格。室友的存在就是为了把她正在成长中的自我包裹起来，用未同化的陌生习惯对其进行束缚。最重要的是，父亲、母亲、老师及其他长辈需要给孩子们空间！他们需要所能得到的一切，他们的个性将不断发展，以满足这种需要。要给予他们大量同伴，让他们的生活充满多样性。多样性是创意的灵魂，也是创意唯一的补给来源。伦理生活本身及儿童的良知都是在暗示冲突的压力下产生的，是在儿童犹豫的模仿中产生的。一个类比是，他必须消化并依赖自我冲突，以实现自我控制和社交节制。人们的这一观点太正确了，在我看来，支持这类观点的少量数据可说明其正确性且具有积极意义，即应该劝阻或瓦解那种亲密的、排他性的友谊，除非其父母或其他监护人在场；即使在被允许的情况下，儿童也应该尽可能地利用这些关系将同情等道德情感带入更广泛的社会活动领域。

优质英美中学的优点之一，是在这些学校里学生必然会获得独立的坚强性格，以及自我克制力。年轻人如果从小就需要看家庭教师的眼色行事，往往不是最遵纪守法的。

接下来，我们会进一步强调密切观察儿童游戏的必要性，特别是那些最好被描述为"社会游戏"的游戏。那些仔细观察育婴室的人，都对婴儿非凡的思维能力印象深刻，特别是从两岁开始，婴儿会表现出想象、策划社交和策划情景的能力。不管是对于那些漫不经心的观察者，还是对真正专业的观察者来说，他们都会观察到成人精神世界的历史碎片重新组合在一起，过去从未如此清晰。在这些游戏中，我们看到了婴儿从你我那里获得了"模仿元素"，及其实际用途。如果成人耐心研究儿童的游戏并对其进行分析，他们就会逐渐从儿童的内心意识中看到一幅父亲的画像——他渴望成为一个像父亲一样的人，试图对父亲的行为加以概括和应用。这张画像很糟糕，因为儿童只关注他所感兴趣的东西。而且，婴幼儿似乎常常复制大人身上的坏习惯！但尽管如此，我们给予他的就是他能获得的一切。遗传不会随着孩子的出生而停止，这只是一个新的开始。不幸的是任由这种遗传因子从父亲身上复制到孩子身上，并进一步得到确立并证实。这种复制可以与之前普遍且带有杂质的遗传共同发挥作用，形成新的人格。是否曾有一群学童在未离校时玩一种扮演学校运行的游戏，立起一个盒子，使其中一人坐在上面扮演老师？是否曾有一名儿童从未玩过一种被称为"教堂"的游戏，让他的爸爸临时扮演神父？在看过长者在市场进行交易后，是否曾有儿童从未在幼稚园的每个角落里的自己想象的摊位前"买"过东西？关键在于：孩子的个性在成长；成长总是通过行动来实现的；他们把父母的生活场景套在自己身上，并付诸行动；由此他们成长为符合自己本性的、所能理解的及能够表现的人。

为了使观察者对游戏特征有更直观的认识，下面我简要介绍一下我的两个女儿海伦和伊丽莎白不久前一起玩的一个游戏。这是她们所玩的最简单的一种游戏，也是一个非常普遍的例子，游戏元素的来源很明显。我没有选择更复杂的游戏，因为观察者通常不是心理学家，他们认为基本的东西更具启发性。

5月2日，我与两个女儿坐在门廊前。海伦四岁半，伊丽莎白两岁半。海伦称伊丽莎白为小宝宝，也就是说，海伦扮演"妈妈"，伊丽莎白扮演"宝宝"。伊丽莎白喊海伦"妈妈"，她们开始玩游戏。

"宝宝，别睡了，现在该起床了。""妈妈"说。"宝宝"从地上爬起来，先摔倒再爬起来，然后被"妈妈"领到栏杆边一个假想的盥洗台前，她的脸被搓洗了一下。之后，"妈妈"以最详细和有趣的方式为"宝宝"穿上一件件假想衣服。在这个过程中，"妈妈"不断地跟"宝宝"说："现在给你穿袜子……现在穿裙子，亲爱的……哦，不，先穿鞋子！……""宝宝"异常温顺地接受了所有的细节，比现实中的婴儿表现得更温顺。当这一切结束时,"妈妈"说:"亲爱的,现在我们得去向爸爸问好。""好的,妈妈。""宝宝"回答道。然后她们手牵手开始去找爸爸。我作为旁观者,正在仔细阅读报纸,我想鉴于现实中的爸爸过于现实,他可能会破坏这个假想游戏。但事实并非如此。"妈妈"领着她的"宝宝"从我身边经过,一直走到广场尽头,走到角落处的一根柱子前。"这是爸爸,""妈妈"说,"现在对爸爸说早安。""早安,爸爸!我很乖。""宝宝"低头向柱子鞠躬。"真乖!""妈妈"粗声粗气地说,声音低沉,这样的声音会让真正的爸爸忍俊不禁。"现在你得吃早饭了。""妈妈"说。座椅被当成了一张早餐桌,"宝宝"戴上了假想的围兜,"妈妈"模仿保姆的样子小心地端着粥。"现在你必须小睡一下。""妈妈"说。"不,妈妈,我不想睡觉。""宝宝"说。"但是你必须睡。你是宝宝,得睡午觉,而且其他宝宝都睡着了。亲爱的,医生说你必须睡。""宝宝"被说服了,她躺在了地上。"但我还没给你脱衣服呢。"然后是脱衣服的所有细节,"妈妈"小心翼翼地给睡在地上的宝宝盖上披肩,并说,"春天就要来了,这一切都要结束了。现在宝宝闭上眼睛,睡吧。""但是你还没有吻我,妈妈。""宝宝"说。"哦,当然,亲爱的!"接下来是一个长长的吻!然后,"宝宝"紧闭双眼,"妈妈"则踮着脚尖走到门廊的尽头。"别走开,妈妈。""宝宝"说。"不会,亲爱的,妈妈不会离开的。""妈妈"回答道。

游戏继续进行——打盹、散步、戴帽子等,这位"妈妈"对她的"宝宝"非常关心和照顾。另一件事可以证明这一点:当"宝宝"戴上真正的帽子时,"妈妈"把帽绳系得相当紧。"哦,太紧了,妈妈。""宝宝"抗议道。"不,妈妈不会把绳子系得太紧的。让妈妈亲一下。好点了吗,宝宝?"这一切滑稽又真实地反映了甜蜜的母爱。

在这种情况下,要记录的当然是事实。然而,正如我前面所说,为了看到心理成长的全貌,我们有必要了解更多事实。我们只需要获知其他与儿童生活有关的家庭和社会影响因素,就可以立刻辨认出孩子们在这个游戏中使用的每一个短语是从哪里获得的,它在原始语境中的含义是什么,以及在这个游戏过程中它的含义在多大程度上进行了修改。这种修改就是所谓的"社会遗传"(social heredity)。但是,当我们把这个游戏讲给那些不了解儿童社会背景的陌生人听时,除了模仿和人格化的事实,他们还能从中获知什么?当我们审视育婴室里那些复杂的可以展现四岁幼儿对情景和戏剧美好幻想的游戏时,又有多少是真实的呢?

然而,心理学家可以解释的是,即使从这样一个简单的场景中,我们也能获知丰富的内容!对于海伦,这可能是一种更直接的经验,一次富有同情心的无私利他的实践,她把自我意识合理地提升到和蔼可亲的高度,这是一次富有责任感和能动性的实践,一次受激励后付出努力并提出想法的实践。当我们扮演其他角色时,所有的一切都带有最好的客观性,而这种客观性在我们成人可怜的自我意识中完全消失了吗?母亲把日常生活中的叮咛教训通过游戏融入婴幼儿小小的自我,还有什么方法比这种游戏更能促进心理成长?对伊丽莎白来说,某些情况出现了。她在没有命令或制裁的情况下服从,她以更简单的幼稚形式从姐姐那里接受了一些个人暗示。当然,这种场景每天都在以细节不同的形式重复,并赋予了多样性和社会平等感,而这些东西在随后的现实生活中将得到确认并继续发展；反面性格也是通过同样的过程习得的。

这些幻想游戏也必定会增强婴幼儿的想象力。这样持久的情况，有时会维持好几天或好几周，会增强儿童的想象力并培养其注意力。我还认为，这种具有象征性的表现形式有助于增强婴幼儿的现实感，有助于其区分具有现实感的想象与虚幻、单纯想象。游戏也带有危险性，成年人有时会树立坏榜样。游戏会令人变得狡猾，而非变得宽容。也许这种观察的最佳用途是收集事实，以便正确认识和规避危险。

最后，我想对有兴趣的父母说：除非你彻底了解自己的孩子，否则你对心理学家来说毫无用处，更不用说你对孩子造成的实际伤害了。尤其是父亲们，父亲们愿意研究其他事物，除了婴儿室，他们熟悉房间每一处角落及其用途。一个父亲会每天为孩子们工作十个小时，给他们买保险，目的是让孩子们的生活有保障，却让孩子们的精神成长、性格形成及人格进化，依赖于普通的、庸俗的、外来的和不稳定的、往往不道德的保姆（如果没有更差的对象的话）！柏拉图说过国家应该培养下一代，并补充说国家应由最聪明的人统治。也就是说，应该让最聪明的人照看孩子！在冉·阿让（Jean Valjean）和珂赛特（Cosette）的故事中，雨果给我们描述了一种真实的父女关系。所谓的人文科学研究，是正确的。但是，对每个人来说，最好的人文学校在自己的家中。

同理，这是体育、戏剧、虚构的最高阶课程，即个体自由的课程，即便我们追溯到艺术冲动，也是如此。孩子们会自己设定游戏的局限性，制定规则，服从规则，然后自己打破规则，说："我不玩了。"所有这一切都是自我调节、控制冲动、自主接受思想的萌芽。如果他未来依旧如此执着，那么这将成为他今后生活中的宝贵财富。

第五章
生理心理学——心理疾病——身体与心理的联系

在前面的章节中,我们提到了一些有关身体与心理间联系的重要问题。感官是身体通向心理的正常途径。利用这一点,我们对感官开展实验,就产生了实验心理学,后面一章会专门对此进行讨论。然而,除此之外,我们发现了一个普遍事实,即正常身体在所有情况下都必须伴随正常头脑,这样才可以安排及操纵身体,除了通过正常的感官渠道以外,变化可能会在头脑中以其他方式产生。例如,当我们喝太多茶或咖啡时,大脑会受到影响,更不用说喝太多酒或其他有毒物质了,这会在大脑中产生更大的变化。心理学家通过改变身体内部的状态或功能来获得这种效果,所有这些有条不紊的手段都属于生理心理学范畴,如可以调整呼吸,改变心跳,加速或减缓血液循环,麻痹肌肉,等等。相关步骤可以分为几大类,每一类被称为一种方法。

摘除法（Method of Extirpation） 这意味着简单地切除身体的一部分，以便观察该部分的丧失对大脑的影响。摘除法特别适用于对大脑的研究。大脑的一部分——或大或小，在实践中甚至是整个大脑——在许多动物身上都可以被移除，从而使其丧命。两个大脑半球中的任意一个，连同另一个大脑半球的一大部分，都可以从人脑中取出，却对生理器官的运行没有太大影响。实际结果是切除部分大脑会导致某些大脑功能，如视力、听力、运动能力，特别是爬的能力等的丢失。下文给出的许多事实都是以这种方式发现的。其指导原则是，如果某一功能的丧失是在大脑的某一部分被切除之后发生的，那么大脑的这一部分会直接关系到该功能的健康表现。

人工刺激法（Method of Artificial Stimulation） 这种方法是通过使用某种可以人工启动生理过程的药剂进行应用的。也就是说，这些过程未经惯常的正常启动。例如，医生用洋地黄刺激患者心脏，就是采用了这种方法。出于心理学的目的，将这种方法应用于研究大脑也取得了丰硕成果，电是常用介质。移除动物头骨的一部分，使大脑裸露，将电池的两个电极放置在大脑的特定点——该特定点的功能是确定的，电流便会沿着通常从该特定区域起作用的神经传递出去，肌肉运动的部位和运动方向是有规律的。这表明受刺激的大脑部分有正常功能。

除了这种方法之外，最近流行一种新的方法，也是通过刺激脑部来实现的。这种方法也会刺激大脑的某个部位，但是观察者并没有观察随后的运动特征，而是将电流计（指示电流存在的非常精密的仪器）与身体的各个部位相连接，观察电流从动物身体的哪个部位流出。以电流方向相同为前提，据此我们可以确定重要刺激传递的路径。

中毒法（Method of Intoxication） 这一方法被称为"有毒的方法"。正如《德昆西》的读者所了解到的那样，给大脑注射毒剂对性格的影响非常普遍且严重，但使用这种方法几乎没有获得精确结果。

衰退法（Method of Degeneration） 这种方法通过观察自然或人为产生的疾病，或组织（主要是神经组织）的损伤发展，来发现神经通路的方向和具有连接功能的神经的位置。疾病或组织损伤后的退化会遵循正常生理活动的路径，并呈现给观察者。这种方法对于心理学来说是很重要的，因为它提供了一种方法，可以定位和追踪伴随各种精神疾病或缺陷的脑损伤过程。

观察结果及脑功能的定位（Results—Localization of Brain Funcations） 如果从神经机体的角度考虑，这类研究更详细的结果可以归入"定位"的大标题下。最重要的结果是人们发现在神经系统中存在感觉和运动等不同的心理功能定位。我们发现神经机体的特定部分或多或少地以一种独立的方式为意识流贡献力量，如果某一部分受到伤害或被移除，大脑就会受到相应的损害。

首先，我们发现神经系统有一定的上下排序，即从脊髓节段到头盖骨下的脑区，或者说脑半球的大脑灰质（大脑灰质即"皮层"，亦即人们常说的大脑）。这种上下排序显示了三个所谓的功能"级别"。从脊髓处开始，我们发现了最简单的功能，随着不断向上延伸至大脑，它们变得越来越复杂。

最低级的或称"第三级"的功能可以单独运作，它包括脊髓及其上级终端被称为"髓质"（medulla）的所有功能，不涉及位于其上方的神经中枢和脑区的活动。此类"第三级"功能通常用于维持生命：呼吸、心跳、血管舒缩（确保血液循环）等，都被称为自动过程（automatic processes）。它们每天都有规律地运作，不断受到生理系统自身正常变化的刺激，不会受到思维的干扰。

除了自动过程外，还有第二大类进程，也可以由"第三级"功能进行管理，即从脊髓的特定部位释放神经能量，这就是所谓的反射过程，包括神经系统对外界刺激做出的所有反应。对这些反应，大脑没有进行选择或控制。不管怎样，这些反应总会发生。例如，当物体靠近眼睛时，眼睑会反射性地闭合。如果一个人坐着，两腿交叉，当膝盖被敲击时，脚会反射性地抬起。如果睡眠者身体的不同部位受到轻微刺激，他可能会产生各种反射。此外，每种感官对受到的刺激都有自己的一套反射调整。眼睛会以最微妙的方式根据所看到的光的强度、物体的距离、高度和角度变化做出调整。把食物吃进嘴里，人体会产生各种各样的反射行为，直到食物安全地进入胃里才停止……这一系列的生理适应，种类和程度简直不可思议。这些过程由"第三级"功能进行管理。不知情的人可能会感到惊讶，因为就这些功能而言，心理完全"脱离"了它，大脑也"脱离"了它。在将大脑从头骨中移除后，这些反射过程不仅仍会持续，有趣的是，在这种情况下通常还会将它们夸大。这表明，虽然最低级或"第三级"功能是自我运作的，但在某种意义上，它仍然处于生理学家所说的大脑抑制作用之下。我们无须过分夸大它的作用，也不用找出它何时起作用，如何起作用。参与"第三级"功能的神经器官可被称为"反射回路"（reflex circuit）（图5-1），其路径是从感觉器官到"感觉"神经的中心，然后由"运动"神经到肌肉。

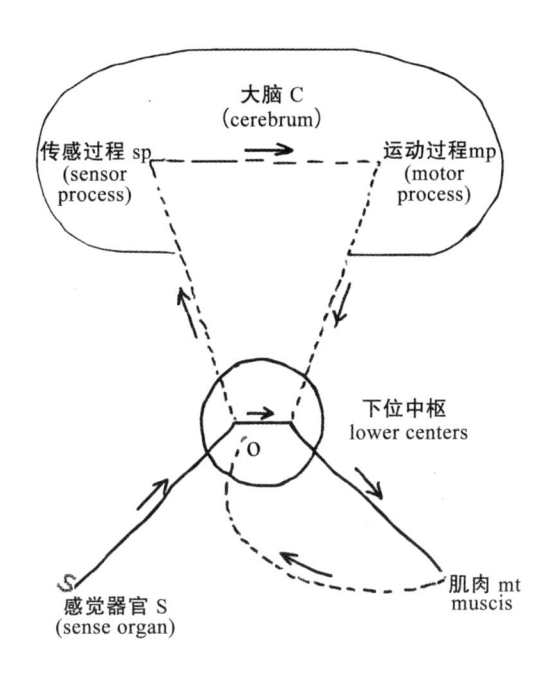

第五章　生理心理学——心理疾病——身体与心理的联系

```
                    大脑 C
                  (cerebrum)
    传感过程 sp  ——→  运动过程 mp
    (sensor              (motor
    process)             process)

                     下位中枢
                   lower centers
                      O

    感觉器官 S              肌肉 mt
    (sense organ)         muscis
```

图5-1　s c mt = 反射回路；s c sp mp c mt = 自主性回路

在第二级，我们会在大脑中发现一组特定器官，某些中枢位于上方的大脑半球与下方髓质和脊髓之间，并通过神经束直接相连。这些重要器官的技术名称分别为：一对"（脑之）纹状体"（corpora striata，也被称为条纹体），一对"视丘脑"（opticthalami），以及位于后方的"小脑"。它们构成了神经系统中所谓的"第二级"。它们似乎与生物的知觉极其相关。当位于它们上方的中枢，即大脑半球被移除时，动物仍然能够看到、听到，仍然能够根据自己的所见所闻来保持良好的行为习惯，但仅此而已。例如，当一只鸟的大脑半球被移除后，它的"第二级"仍然完好无损，它可以保持正常外观，能够站立、飞行、行走等，它的反应和内在生理过程也没有受到损害。但我们很快就会注意到，它的心理活动在很大程度上受限于感觉。它虽然像往常一样能够看到食物，但不记得它的用途，也不想吃。它能够看见其他鸟，但对它们的行进没有反应。它似乎忘记了所受的所有教育，忘记了所有事物的意义，实际上丧失了所有智力。处于这种状态下的狗不再害怕鞭子，不再回应它的名字，不再偷吃食物。在行为方面，我们发现它通过训练学会的所有行为都消失了，特技狗丧失了所有的特技。在前面章节中被称为"统感"的东西似乎已经被移除的大脑半球带走。

下面我们来谈"第一级"。无论是从解剖学位置还是其所主导的职能特征上看，它都是最高级。我们曾见识过它极其非凡的重要性。它由两个半球皮层组成，这两个半球结合在一起合称为大脑。它包括上文提到的鸟和狗脑中切出的部分。当想起这些器官被移除后，这些动物丧失了相关功能时，我们就能了解到器官的完整性对正常动物（包括人类）的影响。它们首先是心理器官。如果不得不指出心理这东西在哪儿，我们可以说心理在大脑中的对应位置是大脑半球皮层的灰质。这是因为，正如我们所看到的，失去该器官的动物仍能看到、听到和感觉到，但它们几乎不能再做任何事，而且什么也学不会。只有当某只动物具有正常的大脑半球时，大脑的所有高级运作才会恢复。

此外，我们还发现该器官在某种程度上复制了二级中枢的功能，因为神经纤维从这些中间块向外延伸到大脑半球的某些区域，局部再现了听觉、视觉等感觉功能。通过这些神经纤维，感觉功能被"投射"到大脑表面，"投射纤维"一词指的是一些与"投射"有关的神经。大脑半球并不止步于最重要的功能，即严格意义上的智力，可以说，它们嫉妒大脑中间块能够唤醒简单感觉。在最高级的动物中——可能只有猴子和人类——我们发现大脑半球有强烈的嫉妒心，以至于篡夺了感觉的功能。这可以从简单的事实中看出，对于猴子或人类来说，切除大脑皮层相应感觉中心会使动物永久失明或失聪（视情况而定），而对于低等动物来说，只要"二级"器官没有受损，就不会产生这种结果。第二级和第一级功能的大脑路径一起构成所谓的"自主性回路"（图5-1）。

除了这种身体结构功能按高低划分为一级、二级和三级之外，在大脑皮层自身简单功能的定位方面，我们也有许多有趣的发现。图5-2和图5-3显示出了已确定的主要中枢，由于该问题仍在讨论中，本书无需详述其他细节。在图5-2和图5-3中，阴影区域为运动区域。标记的区域通常在两个脑半球上是相同的。也就是说，大多数中枢是重复的。然而，语言中枢只在一侧。在某些情况下，连接大脑皮层和身体器官的神经纤维穿过大脑下方到身体的另一侧。在肌肉运动方面，总是如此：身体右侧的运动由大脑左半球控制，身体左侧的运动由大脑右半球控制。身体到大脑的刺激通常在同一侧进行，尽管在某些情况下平行脉冲也会被传送到另一个半球。例如，视觉所必需的重要的视神经分别来自双眼中大量的神经纤维，这些神经纤维分布在大脑底部，使得每只眼睛将脉冲直接发送到两个脑半球的视觉中心。

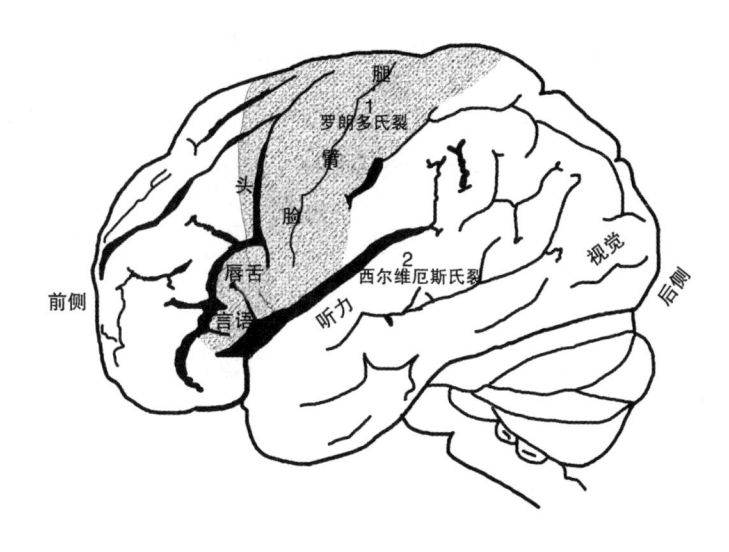

图5-2 大脑左半球的外表面

在所有关于神经系统功能定位的具体问题中,我们已经讨论过某些被称为"运动中枢"区域功能的问题。图5-2中罗朗多氏裂两侧包含许多区域,当受到电击时,这些区域会使身体另一侧的某些肌肉开展非常明确的规则运动。通过仔细研究这些区域,我们已经非常精确地确定了面部、颈部、手臂、躯干、腿、尾椎等运动的主要肌肉组合。从这些事实中我们可以得出结论,这些区域分别是向运动肌肉释放神经脉冲的中心。然而,最新证据使研究人员认为,大脑皮层没有"运动"中枢,也没有所谓的"传出"过程,这些罗朗多氏区域虽然被称为"运动区",实际上是运动发生后各个肌肉运动的汇报中心,也是保存运动记忆的中心;而在特定运动发生之前,大脑就拥有记忆了(我们在之前"动觉等效物"章节称之为运动的心理形象)。这些中心引起了对所需运动的思考,这是运动的必要心理准备,它们反过来刺激位于第二层皮质下方的真实的运动中心。我认为，这是对我们现在所掌握证据的最好解释。

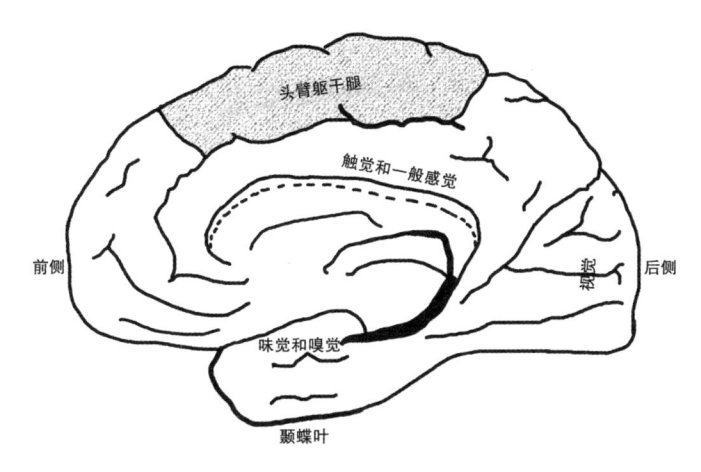

图5-3 大脑右半球的内（中）面

言语区（Speech Zone） 有关身心关系的许多有趣事实都与言语功能有关。无论是在心理上还是在生理上，言语都是复杂的，并且容易以各种各样的方式错乱。对来访者来说，言语是一个非常有成效的测试指标。现在已经证明，言语不是一种能力，并不是人类有或没有的一种确定能力。言语相当复杂，是由许多大脑中枢以及许多心理官能或功能共同作用的结果。为了说话，一个人通常需要调动大脑外侧的大部分"区域"。如图5-4所示，它从唇舌的动觉记忆被激发的罗朗多氏区（K）向后延伸到颞区（A）。在颞区（A），词语的听觉记忆被激发，然后向上到后部或枕叶区域（V）的角形脑回。在这里，书面或印刷文字的视觉图像依次完成它们的作用。在所有这些组合中，书写时使用的手和手臂的运动中枢是相关联的，位于罗朗多氏区的较高区域（K上方）。在同一区域中，我们也找到了管理音乐功能的脑区，乐声被靠近声音接收区（A）的听觉中枢接收，音乐表达中枢也位于罗朗多氏区。此外，正如我们所推测的，读乐谱需要应用视觉中枢，就像阅读文字一样。除此之外，我们还发现了一个奇怪的事实，即整个言语区只集中在一个脑半球。在特定情况下，它在左脑或右脑的位置表明了此人是左利手还是右利手。这意味着，决定左右利手的功能可能位于言语区内或者靠近言语区。绝大多数人的言语区在左半球，他们是右利手。图5-4显示的言语区在大脑左半球，此人用右手握笔。

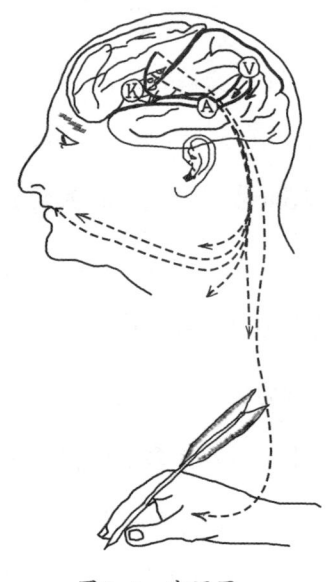

图5-4　言语区

言语缺陷——失语症（Defects of Speech—Aphasia）　大脑区域可能会受到各种伤害，以至于无休止地出现各种言语缺陷。所有的言语缺陷都被称为失语症,当运动侧的器官受损时,则被称为运动性失语症(motor aphasia)。

如果从言语区出来的神经纤维受损,使神经脉冲不能进入关节和呼吸肌肉,则被称为皮质下运动性失语症(subcortical motor aphasia)。它的特点是,人完全知道自己想说什么,却说不出来。他能默读,能听懂别人讲话,能记住乐谱,但是,由于他无法说话,通常无法书写或演奏乐器(情况并非总是如此)。如果他的"病变"(各种局部神经缺陷统称为神经病变)是在罗朗多氏区的大脑中枢,该区域是生成动作记忆的地方,则会出现新的变化。在这种情况下,失语症患者只要听到语言,就能很轻易地进行模仿;只要把文字摆在他面前,他就可以模仿写字,但不能独立说话或书写。与上述皮质下运动性失语症相反,这种失语症的另一个特点是皮质性的(cortical),即患者可能词不达意。这种患者在正常言语中依赖对唇舌运动的记忆。

除了以上所说的两种运动性失语症外,还有一些其他的言语缺陷,被称为感觉性失语症(sensory aphasia)。对所看到或听到的词语的必要记忆存储在大脑言语区,当大脑言语区的某个区域出现病变时,就像一名球员被球击中后脑勺的视觉中枢,特殊形式的感觉失语症会显现出来。在这种情况下,球员会有视觉失语症,他不能像他之前所熟悉的那样依靠书面或印刷的文字符号正常地说话。他无法阅读或写下他看到的文字,但是,他或许可以听写,也能重复对他说的话。这是因为他此时使用的是听觉中枢,而不是视觉中枢。事实上,有些人说话并不依赖视觉,所以视觉中枢的丧失不会对他们的正常言语造成太大损害。

当颞区的听觉中枢受到损伤时，我们发现实际情况与刚才描述的情况相反，这种缺陷被称为听觉失语症（auditory aphasia）。患者现在不能说出或写出他所听到的词语，也不能按照他所熟悉的方式，依靠对词语声音的记忆，自发地、正常地说话。但在大多数情况下，他仍然可以说出也可以写出所看到的书面文字。

以上例子可能会让读者了解到言语功能的显著微妙性和复杂性。当我们罹患一种大脑疾病，即破坏了灰质中的一些细胞，没有破坏整个中枢或切断中枢之间连接的严重病变时，这一点就变得更加明显。我们发现部分失语症会出现在以下案例中：个人语库缺乏特定类型的词语（比如动词、连词或专有名词等）的患者；言不达意的病人；同时拥有两个言语序列，且其中一个无法控制的人。这几类病人要么认为内部敌人控制了他的发声器官，要么将其归咎于外部迫害者，而自己不得不服从。在剧烈头痛的情况下，我们常常会在没有察觉的情况下把东西弄错，在机体错乱的情况下会不受控制地胡言乱语。年老糊涂的人胡说八道，却认为自己是在讲正经话。

在典型感觉性失语症和典型运动性失语症的主要案例分析中，有足够的心理分析，并且解剖学对损伤脑区的定位已有长足发展，所以医生有足够的诊断基础，可以进行推断治疗。许多肿瘤、脑血栓、颅骨局部受压、出血或有限区域内血管阻塞的病例，通过患者所表现出的失语症的特殊形式和患病程度，可以治愈。我们可以打开导致言语缺陷处的颅骨，在诊断建议的位置找到病变处，排除病因。

这种定位描述将向读者暗示一个事实，即颅相学（phrenology）是不科学的。智力定位方面没有取得任何进展。现在这样的观点非常普遍，即整个大脑以及各个部分之间的所有脉冲交换，都与心理有关。至于对特定情感和气质的定位，则相当荒谬。此外，颅骨的不规则性并不表明大脑的局部差异。人们认为大脑的相对重量可能是智力禀赋的一个标志，尤其把大脑重量与身体其他部分的重量比较时，通过加深和增加脑回（convolutions）可以增加大脑皮层的表面。但如同颅相学实践所要求的一样，这些表述不能直接应用于个人。

记忆缺陷——失忆症（Defects of Memory—Amnesia） 在上文的例子中，言语缺失被认为是由于对某些词语记忆的丧失引起的，这些例子也阐明了一系列的心理缺陷，这些缺陷被归类为失忆症。任何记忆失误，除了我们称之为健忘（forgetfulness）的正常失误外，都被归入失忆症。就像丧失词语记忆不能说话一样，其他记忆丧失时会出现其他的功能紊乱。病人可能会忘记如何使用刀子或如何穿鞋。他可能会忘记过去的事，因此会对过去做虚假见证。一个人可能也会忘记自己，在某种程度上，他会变成另外一种性格，这在所谓的双重人格中有明显表现——这些患者会突然陷入第二种状态，在这种状态下，他忘记了日常生活中的所有事件，但会记住第二种人格早期的所有事件。与其他"部分"健忘症相比，这种状态可以被描述为"一般"健忘症，在这种情况下，只有特定类别的记忆受损。

随着年龄的增长，记忆受损也解释了"一般性"和"部分性"健忘症。老年人会忘记名字，忘记其他一些词语，然后是对事件的遗忘，渐渐地记不起任何东西。

意志缺失——丧志症（Defects of Will—Aboulia） 用几句话就足以说明这类精神缺陷在行动方面的表现。所有不能执行故意行为（intentional act）的都被称为丧志症。上面提到的某些言语缺陷说明了这一点：患者知道他想说什么却说不出来，这属于"部分"丧志症。患者可能不缺乏决心和努力，但不能做出行动。与此相反，有一种更严重的缺陷叫作"一般"丧志症。出现这种症状时，我们发现患者的决心及决断力减弱，同时也缺乏自制力，经常表现得优柔寡断。患者说："我无法下定决心，我无法做决定。"在一些夸张的案例中，疾病变成了一种叫作"疑虑精神错乱"（insanity of doubt）的狂躁症（mania）。患者会站在门前犹豫一个小时，不知道是否能打开门，在极端情况下甚至会多次折返，以确保已经锁门或关闭炉灶。不过，这种情况有时也会发生在正常人身上。

列举了这些实例后，我们对心理缺陷的关注告一段落。对于更复杂的情况，如各种精神错乱、躁狂、恐惧症（phobias）等，我们无法简单描述。而且，这些症状通常极其令人费解。然而，对于心理学家来说，错综复杂的事例中存在一些指导原则，我们可以将其总结一下。

首先，所有的心理问题都涉及大脑疾病，只有当大脑被治愈时才能恢复。这不意味着在某些情况下，与不涉及心理作用的治疗方案相比，如果运用得当，暗示、唤起期望及信仰等心理作用治疗对病患治疗没有任何帮助；尽管终极目的是身体和心理的治愈，但就目前的知识水平来看，所用手段的主要目的只能是身体治愈。心理学家实际上对心理影响身体的规律一无所知。暗示的具体工作原理非常模糊，临床和最知情的操作人员发现无法控制对按时原则的使用，也无法预测可能的结果。在这种情况下，他们会赞同某些假想心理治疗系统或治疗实践，如基督教科学及精神疗愈。基督教科学及精神疗愈导致了对普通医疗的忽视，这是对合法医学实践的诋毁，是对危害公众健康敌人的放任。

由此，产生了一种非常可笑的主观主义形式，它破坏了正确的判断力，消解了数代现代科学人建立起来的现实做法。科学一直以来都在抵制那些把模糊和无法解释的事实与庸医、欺诈和迷信结合起来的做法，心理学家现在需要特别意识到与这种结合做斗争的责任。这种结合是在利用心理学新成果时产生的——无论这种行为是对"思想转移"（thought-transference）证据不足的补充，对唯心论主张的支持，抑或是以"人身自由"之名为"治愈师"（healer）正名，以取代训练有素的医生。如果父母允许孩子在"基督教科学治愈师"的照管下死去，这属于过失犯罪，这与那些让孩子因信仰而挨饿的父母相比有过之而无不及。在法国和俄罗斯，对健康人进行催眠的实验受到法律限制，只能由认证专家开展。相比之下，我们怎么能对心理疾病患者开展如此不专业的实验？让"基督教科学治愈师"尽其所能地医治，但不要让他怀揣人们对"医生"的信任和迷信进行生理极限和涉及生死的实验，因为此"医生"并不称职。

其次，许多专家都认为，心理疾病——不管它们位于大脑什么位置——都会涉及注意力受损。无论如何，这是心理错乱或有缺陷的普遍标志。智力障碍者缺乏注意力，精神病患者无法控制自己的注意力，受骗者缺乏注意的控制力及注意的灵活性，易怒者只能专心处理一件事。老人的注意力减弱，容易失去对注意力的控制。注意力是一种被称为统觉的正常心理活动工具，因此注意力的损害会以某种特定的心理缺陷形式显现出来。

再次，有趣的是，在渐进性精神减退的过程中，精神力量的丧失是按照其最初获得顺序的相反顺序发生的，最后获得的最复杂的功能最先被损伤。在普遍退化、大脑软化等情况下，智力和道德首先受到影响，然后是记忆、联想和各种后天行为，再是最新的模仿行为、大多数根深蒂固的习惯以及本能、反射和自动功能。最后一种情况出现在智力障碍者身上。后者除了本能外，仅具有鹦鹉式的模仿能力。

患者康复再次显示出相同的逆向阶段。他遵循原始习得的顺序，这一过程被医生称为"重新进化"（re-evolution）。

第六章
实验心理学——如何开展心理实验

近年来,随着不同科学领域实验室人体实验的发展,人们开始关注是否可以对心理开展实验。到目前为止,这个问题已经得到解决,心理学家可以人为改变被试者的感官刺激,以及他们周围物品及其所处环境,以获得其心理状态的变化。生理心理学表明了这种普遍的研究方法,研究显示,生理过程的变化,如呼吸等,被认为是导致心理变化的原因。然而,与生理心理学不同的是,在实验心理学中,我们只考虑身体外部条件的影响,如光、声、温度等,使被试者在各方面尽可能保持正常。

德、法、美的大学已建立了许多实验室。它们彼此有很大的不同,但共同的目的都是根据个体受刺激后的变化,对心理进行实验,从而对被试者的感觉、记忆能力、动作精确性和种类等进行测试。

去年[1]我的实验室所用的一些实验结果、仪器及方法，也许可以很好地说明这些实验室的工作及其研究。由于对实验的有定描述语（definite descriptions）更加具体和真实，所以在这种情况下，它可以充分作为个人参照。其他的实验室，如哈佛大学和哥伦比亚大学的实验室，也用类似方法处理类似问题。我将在下文继续介绍普林斯顿实验室近期的一些研究。

从实验室所讨论的问题中，我们可以选择某些问题进行详细解释，因为它们来自不同领域，说明了不同的程序方法。

温度感实验（Experiments on the Temperature Sense） 多年来人们一直怀疑我们是否有一种独特的感觉——可以用自己的神经器官感受到不同的皮肤温度。某些研究者发现这可能是真的。事实证明，某些药物会改变皮肤对冷热刺激的敏感性。

另一项研究进展发现能感知热的感受区对冷刺激不敏感，能感知冷的感受区对热不敏感。若干细微的点被发现。当冷的物体触碰这些点时，这些点汇报"冷"的信息，但对热物体无感觉；而其他部位只对热有感觉，对冷则没有感觉。结论是我们有两种温度感觉，一种用于热，另一种用于冷。

考虑到这个问题，C[2]先生希望将这两种感觉之间的关系定义得更加紧密，并且他认为可以通过一种方法来做到这一点，即重复刺激一系列精确部位（皮肤上非常微小的点），从而大量记录给定区域内的冷热结果。他选择了前臂的一块皮肤，仔细地刮了毛，然后使用最小的金属针进行试探，这些

---

1 指1893年。

2 J.F.克劳福德先生，研究生。

金属针可以沿着皮肤描画，不会产生刺伤或撕裂伤。将这些金属针与金属圆柱体相连，并在金属圆柱体上系上橡皮筋，然后将金属圆柱体推入恒温的热水或冷水中，并用橡皮筋提起，将金属针以相同的压力放置在所选区域的皮肤点上。通过这种方式，我们找到了分别只对热或冷有反应的点，分别用精细的墨迹对每个点进行标记，直到整个区域以不同的颜色标记。这样的方法过去经常用，剩下的工作是设计保存这些记录的方法，以便当所有标记都从皮肤上移除之后，可以在同一表面进行新的探索研究。这是必要的，可用以确定所得结果是否始终相同。理论认为皮肤存在某些神经末梢，与这些皮肤点相对应，当重复实验时，每个点都应在完全相同的位置。

C先生制作了许多所谓的"透明传输架"。它们是长方形的纸板，上面剪有"窗户"。"窗户"上覆盖着薄薄的、透明的建筑画图专用纸。把这个框架放在前臂，"窗户"上的纸就可以盖住手臂上的标记。标记可以非常清楚地显示出来，并将这些点复制到纸上。然后标记"窗户"顶点在手臂上对应的点，得到边界标记点，再去掉"透明传输架"，除边界点外，擦除手臂上所有标记。结果是，在任何时候，再次将框架放在手臂上，可以通过匹配边界点，皮肤上的原始温度点将通过纸张窗口上的标记显示出来。

C先生继续用这种方法重复对同一区域进行探索，记录了同一区域有冷热感觉的许多点，并进行分组记录；然后，他把这些框架叠放在一起，拿到窗前，使它们有一个明亮的背景，从而能一目了然地看出不同批次的结果有多接近。

他的结果，简而言之，未能证实如下理论，即温度器官是固定的，且一个温度器官只能感受冷或感受热。因为当他把不同的热标记放在一起时,发现这些点是不一样的;一个框架上的点落在另一个框架上的点之间,如果几个框架叠放在一起,这些点就会填满一个或大或小的区域。冷点的情况也一样,它们填满了一个连续的区域。然而,他发现,正如其他研究人员所发现的那样,热区在很大程度上与冷区是分开的,只在一定程度上重叠,而且皮肤的某些区域对几乎任何温度都没有感觉。因此,如果其他研究者能证实,一般结果将表明,我们的温度感位于皮肤上被称为大区域的地方,而不是微小区域;然而,证据仍然可以很好地表明,我们有两种温度感,一种是冷感,另一种是热感。

反应时间实验(Reaction-Time Experiments) 所谓的"反应时间"是实验心理学中最重要和发展良好的方向之一。简而言之,所涉及的实验是这样的:找出一个人需要多长时间才能获得各种感觉印象,例如,听到一个声音信号,并根据印象移动他的手或其他器官。实验简单安排如下。让被试者取舒适坐姿,轻敲发出铃声(会产生电流并启动时钟),指示被试者在听到铃声后尽快用手指按下按钮。他按一下按钮,即电流中断,时钟停止。时钟表盘显示的是铃声(信号)与他手指响应(反应)之间间隔的实际时间。精确计时所用的时钟很可能是希普计时器(Hipp chronoscope),它在表盘上显示千分之一秒的时间间隔。

为了保持条件恒定并防止干扰,电线加长,这样,时钟和实验人员可以在一个房间,而铃、按钮和被试者则在另一个房间,该房间的门是关闭的。这种计算反应时间的方法已经沿用了很多年,特别是天文学家在进行观测时，需要知道观察者在记录或其他观测中所花费的时间。这是天文学家"人差方程式"（personal equation）的一部分。

在这个"简单反应"（simple-reaction）实验的基础上，心理学家们改变了对被试者的指示，使他多次开展更复杂的心理活动。例如，在做出反应之前，区分两张及两张以上的图片，进行计数、乘法、除法运算等，或者让他在做出反应之前为应对诸多变化，提出一个对策。通过对这些不同时期的比较，我们可以得出一些有趣的结果。这些结果涉及心理过程，也涉及不同个体在日常生活简单操作中的差异。我的下列研究证明了这两种说法。

我希望通过这种方法进一步探究一些事实：在实验过程中，随着注意力的不同，人的反应时间的长短存在着重要差异。例如，如果对X先生进行实验，他可能更愿意严格遵守信号，在没有他人直接关注和监督的情况下用手指按下按钮。如果这是真的，当我们干扰他的行动方式，告诉他必须关注手指，不要理会信号时，我们发现他很难做到，并且变得十分尴尬，他的反应时间变得非常不规律，而且会加长。然而，另一个人，比如说Y先生，可能会表现出恰恰相反的状态。他发现自己更容易关注手指，而且当他这样做时，他的反应时间会变得更短，也比他关注信号的时候更规律。

我认为，在这一问题上，不同人在注意的偏好方向上表现出了显著的差异，原因可能像生理心理学家所提出的那样与言语有关。也就是说，如果一个人偏向"视觉"，则在说话时，主要使用视觉图像；如果一个人偏向"运动"，则主要使用肌肉图像；如果一个人偏向"听觉"，则主要使用声音图像。如果言语差异如此明显，它们似乎也可能延伸到其他功能上，一个人的言语"类型"可能会在他对各类图像反应时间的相对长度中显现出来。

我们将此称为反应时间的"类型理论"（type theory），并在实验室中对四名被试者进行测试，测试分为两部分：首先，引导所有被试者，通过检查他们在说话、阅读、写作、做梦等方面的心理偏好，找出他们通常最依赖的图像类别；然后通过一系列实验来观察他们对这些特定类别图像的反应时间是否比对其他类别图像的反应时间短，尤其是注意力集中在这些图像上的时间是否比肌肉反应的时间短。这意味着，如果对这些图像的反应时间短于对相应肌肉图像或其他类型图像的反应时间，那么个体的反应时间将显示他的心理类型，并且可用于测试。这是一件非常重要的事情，如果它能成立，医学和教育中的许多问题，包括个人心理特征的确定，都将通过这种精确的方法获益。

所有被试者的结果都证实了这一假设。例如，C先生在对自己进行的一次独立测试中发现，在提到的所有功能中，他在很大程度上都依赖于自己的听力。当想到某个词语时，他会想起它的发音；当他做梦时，他的梦中充满了对话和其他声音；当他写作时，会不断地思考词语和句子的发音。我们在他不知情的情况下，对他进行了一系列反应实验。

结果显示，当他把注意力集中在声音或手上时，他的反应时间有显著差异：当他注意到声音时，反应时间缩短了一半；当他对光做出反应时，出现了同样的情况：注意力优先放在光上，而不是手上，相比声音的情况，差异减小。因此，从他的立场来看，这是一个不容忽视的事实，反应实验的结果与他对自己心理类型的独立判断一致。

所有被试者的情况都如此，尽管他们的类型偏好并不像C先生那样明显。

研究的第二部分考虑了这样一个问题：对言语所采取的反应时间是否会显示出同样的情况？也就是说，在C先生的案例中，当关注信号时，他一听到信号或看到光就做出言语反应，反应所用时间是否比他关注嘴和唇时，他一听见信号或看到光就做出言语反应所用时间更短。为了达到这个目的，实验使用了一个口键（mouth key），被试者只需吹一口气，就可以切断电流，从而在听到信号后尽快停止计时。口键如图6-1所示。

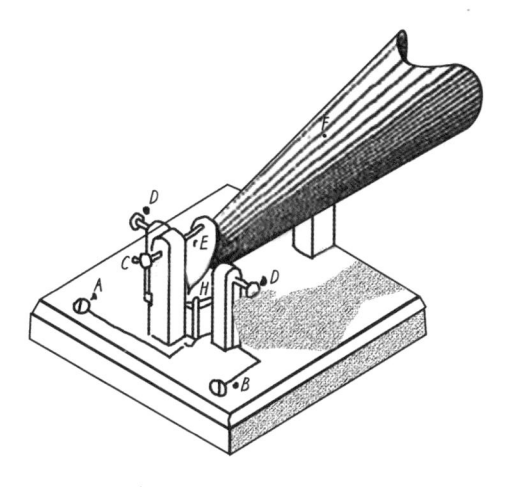

图6-1 口键（等角投影图）

舌簧片E在H上摆动，形成或断开电路$AHEDB$或$CEHA$。舌簧片被一股通过漏斗F的空气移动（由W. Libbey教授设计）。

所有被试者都接受了这项实验，他们事先对最终结果毫不知情，而实验者也还没有得出早期的研究结果。在所有案例中，结果再次表明，当被试者关注到他普遍偏好的一类图像时，反应时间最短。例如，在C先生的案例中，人们发现当他高度关注的对象是预期的声音而非发声器官时，他所用的时间要短得多。其他案例也是如此。如果个体的总体偏好是肌肉图像，则我们发现，当注意力集中在嘴和嘴唇上时，反应时间最短。

因此，根据一般的结果（四个案例均无例外），再加上其他研究所发现的迹象，我们很可能得出以下结论：通过以这种方式给予注意而获得的反应时间差异，我们可以大致了解被试者的特质，或者至少可以根据其接受的教育设定其心理偏好。这些迹象与已经提到的"运动性""视觉性""听觉性"失语症一致。用这种方法对儿童进行早期检查，可能有助于确定适当的治疗方案、研究方向、纪律性、疲劳和困窘倾向以及教育的最佳路径方向。

这项研究可以用来说明对反应时间的研究在调查诸如注意力、性情等复杂过程中的用途。这个部分包括心理学中各种时间测量的科目，现在被称为心理时间测量学（mental chronometry），以前被称为心理测量学（psychometry），后者由于表述不甚清晰而较少被使用。

视觉错觉（Optical Illusion） 在视觉领域，许多非常有趣的事实不断被曝光。视觉是最复杂的感觉，最容易紊乱，同时也是我们正常生活中最必要的感觉。以下实验研究报告将具有更大的实用价值，因为除了内在新颖性或重要性之外，其结果显示了视觉事实与审美学、错觉理论和判断力之间的关系。

感官错觉要么是由于纯粹的生理原因，要么是同化原理的作用，这一点上文已经提到。在后一种情况下，它说明了这样一个事实：在任何时候，心理都有一种普遍倾向，即用它已经习惯的某种形式、模式等来看待一个事物。为了做到这一点，它有时会无意识地歪曲所看到或听到的内容。因此，它通过自己设置的陷阱陷入错误的判断。视觉领域更能说明问题，错觉的数量是惊人的。对于那些与实际稍有偏差的事物，我们不断通过度量塑造着它们的形状。心理学家们一直在努力寻找视觉机制的一般原理，这些原理将解释各种视觉错觉，但收效甚微。

在这些原则中，有一条原则被称为对比原则（contrast）。更确切地说，这是一个用来囊括所有错觉的词。当一起或依次看不同大小和形状的图形，且图形被错误地相互参照判断时，人们就会出现错觉。为了以一种简单的方式对此进行研究，我设计并开展了以下实验。

我想知道，如果把两个大小不同的分离面放在一起看，视野（一次能看到的整个场景）内的线段长度是否会被误判。为了测试这一点，我在暗室的窗户（W）里放置一张白色纸板，上面切割了两个边长不等的方形洞（S、S'）。开一条小缝，缝隙连接两个方形彼此最接近的两边的中点，一条狭窄的路径或槽连接两个方形。在暗室中，我安置了一盏明亮的灯来照亮这个小槽，但坐在隔壁房间窗户前的人却看不见。一根针（D）挂在纸板后面的枢轴上，让针尖沿着明亮的槽向任意方向移动；在针上放置一个电磁铁电枢（A），当电流通过时，电磁铁会立即被吸引到磁铁（E）上，将针准确地停在它所到达的点上。计时电动机（Cm）以这样的方式布置：使针在狭缝上有规律地来回移动，并且电磁铁通过电线与隔壁房间被试者身旁桌上的一个穿孔键（K）连接。一切准备就绪之后，实验对象S先生，被告知要看着针头。针头看起来像一个光珠，沿着狭缝移动，当它到达线的中点时，需要按下电键使其停止。站在暗室窗户后面的实验者，在一个以毫米为单位的刻度上读取针头停止的准确点，通过切断电流释放针头，从而使它再次缓慢返回。这给了被试者另一个机会，在判断的直线中点处停止它，依此类推。图6-2显示了整个实验布置。

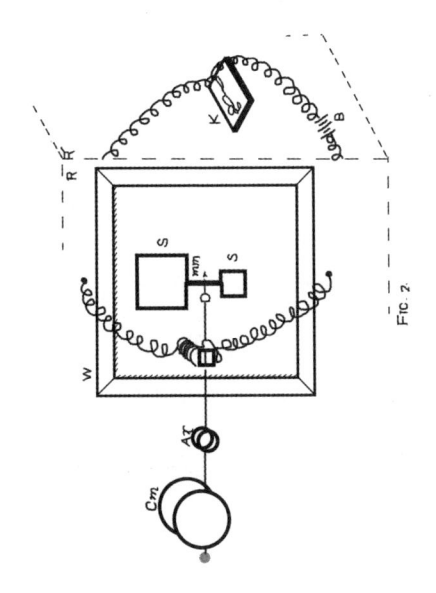

图6-2 实验装置

我用这种方法进行了大量实验，分别在垂直和水平方向上设置了方形，并且由几名被试者参与，结果非常惊人的一致。被试者选择的中间点通常离较小的方形较远。大致上错觉的位移量，随着大方形变大及小方形变小而增加；或者，用一句话来说，位移量直接随小方形与大方形的比例变化而变化。

通过这种方法，我发现了这样一种显而易见的错觉，并认为如果能让大众广泛参与检验这种错觉，那将会有很大的收益。按以下方式改变实验条件：我预备了一张图片，图6-3中两个方形用适当尺寸做成，两个方形之间画一条线，线上清楚标记一个圆点。我在一期周刊上发表了相关文章，并要求读者在看了图片（对预期结果不知情）之后，就像读者在进一步阅读之前可能做的那样，去问他们的朋友线（图6-3）上的点是否在中间；如果不在中间，位于真正中点的哪个方向。数以百计的不同职业、年龄和性别的被试者一致认为，该圆点离大方形太远了。事实上它恰好处于中间位置。这与实验室里的结果正好相反；因为在实验室里，条件是相反的，即找到眼睛所看到的中点。我们在这里完全证实了这种错觉；现在已经完全确定，在确保所有实验条件的情况下，用眼睛估算距离时总会犯错误。在较大的图纸上重新绘制图形时（建议最好这样做），可以省略连接线，仅标记中点。有些人用两个圆（中间距离被一个点隔开）获得了更好的效果，如图6-4所示。

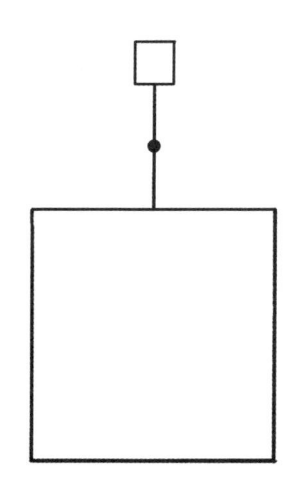

图6-3　圆点位置实验图一

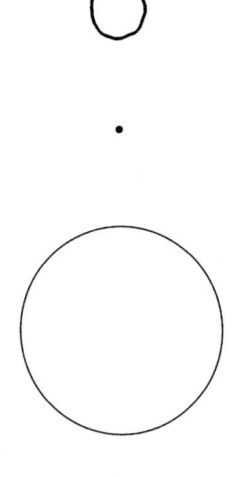

图6-4　圆点位置实验图二

例如，如果某个城镇委员会计划在公共广场为当地英雄立一座雕像，广场两边有高度迥异的建筑物。若想从远处获得最佳效果，则雕像不应放在广场的正中间，它应该离较小建筑物近一点。这件事首次被发现时，我的一位同事察觉他家中的画依此悬挂，并产生了这种错觉。无论何时，当一幅画要挂在另外两幅大小相差很大的画之间时，或挂在一扇门（大）和一扇窗户（小）之间时，它实际上应该挂在离较小的画或窗户近一点，而不应挂在正中。

在美学中我们可能会发现这种错觉的有趣应用。无论是绘图还是绘画，如果艺术家希望观图者认为两条不同长度的线段之间的点在两条线段的中间位置，那么我们应该发现，为了最充分地产生这种效果，艺术家会偏离真实的中点。在建筑学中也是如此，物体的对比效果往往取决于双边平衡、对称或一致性的感觉。在这种感觉中，这种视觉错误会自然地发挥作用。事实上，我们只需记住，在直线比例问题上，审美效应的一个主要原则是"一比一"原则，即等分原则，我们可以看到这种错觉的广泛应用范围。在所有这些情况下，如果大小不等的物体位于分割线的末端，则必定会发生判断错误。

记忆的准确性（Accuracy of Memory） 一项研究可以说明另一个完全不同的研究领域。该研究的目的是找出记忆随着时间推移的衰退速度的蛛丝马迹。W教授、S先生及本书作者[1]首先制订了对个体进行测试的不同方法，以了解他们在不同时期之后的记忆准确程度。他们可能会采用三种不同的测试方法，称之为"研究记忆的方法"。第一，再现法（reproduction）。在口试或笔试中，要求每人重现他之前在某个时间点被告知的某件事。这是学校、公务员考试采用的一般方法。第二，识别法（identification），要求被试者在经历相同事件之后，在第二或第三次见到时进行识别。第三，选择法（selection），我们向被试者展示一些事物，并要求他从中选择与以前完全相同的事物。通过下文对实验的描述，我们将更好地了解这些方法。

第一个实验由S先生和笔者在多伦多大学的一个近300人的班级中开展，其中约三分之一是女学生。实验人员向全班展示了一些大小合适的纸板，要求他们在不同时间做以下三件事：第一，分别在一分钟、十分钟、二十分钟和四十分钟间隔后，用铅笔在纸上再现与所示尺寸相同的正方形（通过再现法得到结果）；第二，说明在相同间隔后向他们展示的一组新的正方形，其大小是否与他们最初看到的正方形相同，如不相同，是更小还是更大（识别法）；第三，给他们展示一些大小稍有不同的正方形，同样是在相同的时间

---

[1] H. C. Warren教授、W. J. Shaw先生及作者。

间隔内，要求他们从中选择与最初看到的大小相同的正方形（选择法）。

所有这些实验结果都与另一系列实验结果（针对普林斯顿学生的实验结果）相结合。图6-5用曲线显示了这些实验结果，该图是为了让读者理解绘制统计结果的"图解法"（graphic method），这种方法具有各种复杂性，现在被应用于心理学以及其他实证科学中。

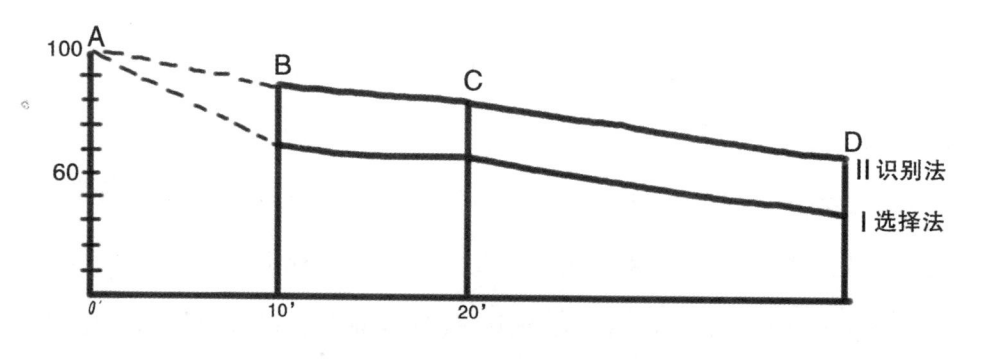

图6-5　记忆曲线

简而言之，我们发现这三种方法一致（曲线平行[1]），表明在最初的十分钟内，记忆的准确性有很大的下降（曲线从0'向10'倾斜）；然后，在10~20分钟之间，记忆保持相对平稳（从10'到20'的曲线几乎保持水平），20分钟后，准确度迅速下降（从20'到40'直线倾斜）。

此外，如果理解得当，曲线的不同位置显示不同意义。由再现法确定的曲线（图中未给出）显示的结果最不准确，因为有太多变量。其原因是，在画正方形以再现记忆中的正方形时，学生会受到所用纸张大小的影响，他对

---

[1] 本图仅显示两种方法（选择法和识别法）的曲线。

手和手臂控制精度的影响（例如，结果因使用右手或左手而不同），以及当时他对方形物体各种联想的影响。简而言之，这种方法向他提供一个机会，让这种方形记忆在间隔期内可以完全融入他目前的心理状态中，而且没有任何矫正措施。

该实验有一定难度，凡对学生进行过实验的人都会承认这一点。当我们要求他们复述教科书或讲课内容时，也要求他们准确地表达自己的观点。现在的学生们还没有被教会如何正确表达自己。他们的记忆困难带来了表达困难，同时，由于责任感、恐惧和羞耻感，结果令人尴尬。因此，通过这种方法最终获得的结果非常复杂。

由选择法（Ⅰ）给出的曲线也表现出记忆会受到某种影响的干扰。我们在上面的实验中看到，即使在视野范围内最基本的方形排列，对比这个因素也会干扰我们对尺寸的判断。当使用选择法时，这一点在实验中得到了证实。通过使用这种方法，我们并排显示了一些方形，要求被试者选择他之前看过的那个。所有的方形一次显示出来，在背景上彼此形成对比，因此他对记忆中方形大小的判断是扭曲的。这再次对我们的心理生活产生了真正的影响，导致了真正的错觉。一名不公正的律师可能会逐步改变当事人或证人所讲的事，通过不断地增加记忆，或者巧妙地将与事实形成巧妙对比的细节插入其中，以致证人逐渐将其融入自己的记忆中，从而更像律师所期望的那样作证。在我们的日常生活中，社会舆论引起的对比因素也非常强烈。我们不断地修改着记忆，使之更接近社会信仰的真理，在不知不觉中减少了自己和他人对事物认识的差异。如果允许一个事件的几个证人不时地比较笔录，他们将逐渐趋于讲述几乎相同的事情。

图6-5中的另一条曲线（Ⅱ）是通过识别法确定的，在研究人员看来是最准确的。它不受表达错误和对比错误的影响，而且它的优点是允许被试者识别方形。它再次向被试者显示，没有任何信息表明它是相同的，由被试者判定方形是否符合他先前的记忆。这种方法唯一的缺点是需要大量实验才能获得平均的结果。为了使实验结果具有说服力，必须保证平均值是可靠的，因为在一两次或几次实验中，学生可能在记不住原始方形的情况下猜对。通过加大被试者数量，如三百名学生，可以克服这个问题。例如，分别比较男性和女性给出结果的平均值，我们发现他们之间几乎没有差别。

最后这一点可能有助于引入实验心理学中很重要的区别，这个区别在许多其他科学中也得到了认可，即从一个个体和多个个体处获得的结果之间的区别。了解单个个体的唯一方法往往是调查大量同类数据。在所有大类中，特别是生物中，有很大的个体差异。在任何特定的情况下，这种个体差异可能非常大，以致掩盖了正常的真实本质。例如，身材矮小的父母可能养育了三个高个子儿子。仅依靠这个例子，可能有人会推断所有矮小父母都会生养高个子儿子。或者，三个女孩可能比来自同一家庭或学校的三个男孩有更好的记忆力，因此可能有人就会说女孩在记忆力方面比男孩更有天赋。在所有这些情况下，正确的做法是获得大量案例并将它们结合起来，然后纠正第一个案例的偏差。这就产生了所谓的统计方法，其被用于许多实际问题，如人寿保险，但它在生活、思想、变化、进化等方面的应用才刚刚开始。对统计方法的忽视是近年来心理学的一个重大缺陷。它在复杂问题中的应用涉及人们通常不具备的数学素养；缺乏精确的观察或无视要求而滥用统计方法，比忽视更为糟糕。

结合这些关于记忆的实验，我们可以得出另一个结果。除了实际意义之外，它还可以用来显示实验心理学的其他方面。在形成一系列实验结果时，观察不同情况之间的差异是非常重要的。有些情况可能非常相似，最极端的情况与它们的平均值相差不远。例如，我们发现，1000个10号弹丸的尺寸测量值，和把这1000个10号弹丸与一些6号和14号弹丸混合起来，对其尺寸测量值取平均值，可能会完全相同。我们只能通过观察单个弹丸的单个测量值，并设定每个特定尺寸弹丸的相对频率，来判断这一堆与另一堆的不同。或者，我们可以通过以下两种方式之一获得不同的平均尺寸：用另外一批14号弹丸，或者将一些大弹丸与10号弹丸混合。实际情况只能通过对个案的考察来说明。我们通常会将每个案例与整个批次的平均值进行比较，并由此确定差异的平均值，即所谓的"平均变化量"（mean variation）。

在使用正方形进行实验的情况下，学生总是在一个方向上判断失误。所有答案都倾向于表明，与最初展示的正方形相比，学生们选择的正方形较大。由于这个原因，人们认为有必要通过假设记忆中的正方形会在间隔时间中变大来解释。在十或二十分钟之后想起的图像会比以前更大，这可能是由于纯粹的心理原因，或者图像可能是在大脑视觉中心信息处理过程中变大。其结果是，每当通过大脑回想图像，心理图像都会被重新带回大脑，这种扩展通过记忆图像的扩大而显现出来。然而，这是可以解释的，除非可以为这些记忆错误提供其他解释原因，否则它是无误的，而且W先生、K博士[1]和我稍后进行的其他实验也证明了这一点。

如果这种随时间推移而扩大记忆的趋势被认为是记忆的一般规律，那么它会有一些有趣的方向。这意味着，我们可以解释一个熟悉的事实：当我们回忆过去时，过去的情景似乎变小了。我们童年时的家，古老的花园，房屋和树木的高度，甚至年轻时伟岸的叔叔，在我们归乡之人的眼里，都会变小。在我们的期望中它们会更大，但可能是因为记忆图像发生了变化，所以并非如此。

暗示（Suggestion） 另一项研究不应完全被忽略，因为它还说明了其他问题及其解决方法的原则。T先生[2]和H先生[3]的一项调查展现了心理暗示对某些身体过程的显著影响，这些过程一直被认为是纯粹的生理过程。这些研究人员开始重复其他人的某些实验，实验表明，如果两个点——比如一支圆规的两个点——稍微分开放在皮肤上，它们会产生两种触感。但是，如果在进行实验的时候，两点之间的距离不断拉近，总会有两点合二为一，被认为是一个点的时候，尽管两点之间可能还存在一段距离。生理学家们认为，皮肤表面有微小的神经末梢，两神经末梢之间的距约为能感觉到两点的最小距离；当这些点紧密接触在一起时，它们只接触了其中的一个神经末梢，只产生了一种感觉。在德国工作的T先生已经发现，在实践中，皮肤逐渐变得越来

1　F. Kennedy博士，时任科罗拉多大学教授（研究结果尚未公布）。

2　G. A. Tawney，时任贝洛伊特学院教授。

3　C. W. Hodge，时任拉斐特学院教授。

越能够区分这两点，也就是说，在较小的距离内感觉到两点；而且以这种方式在身体一侧训练皮肤，不仅会使该部位对微小差异更加敏感，而且在身体另一侧的相应部位也产生了同样的效果。我们的实验者推断，这只能归因于被试者头脑中持续的暗示，即他应该能感觉到两点，训练的结果是皮肤的敏感度实际上提高了。当他认为自己身体一侧变得更加敏感，而他的这种感觉或信念真的对他大脑的两个半球产生了某种影响时，身体的两侧都会受到同样的影响。

普林斯顿大学随后开展了其他实验，实验对被试者产生了暗示，即他们对皮肤上各点之间的距离和相对方向都或多或少地变得敏感。其惊人的结果是，这些暗示实际上对全身产生了效果。可以准确地确定，从圆规在皮肤表面的实验结果来看，关于被试者当时得到了什么样的心理暗示，可以做出相当准确的推论。由于实验过程得到了严格控制，因此其结果无法作假——对于被试者心理状态和皮肤敏感度变化之间的关系，被试者在实验之前是不知情的。

该实验室所做的两份实验报告涉及很多的主题，就目前而言，可能会让我们初步了解实验心理学的工作。可以看出，目前还没有一个可以开展新实验的完整的结果体系，也没有一套像其他实证科学那样的完善实验安排。在许多重要问题上，程序仍然依赖工作者的个人判断和能力，甚至用于本科生的展示活动的质优价廉的设备仍然缺乏。基于这些原因，现在还不能指望这门学科在教育领域占一席之地。然而，毫无疑问，它在我们对心理的认识方面做出了许多有趣的贡献，而且当它所应用的方法和装置得到更充分的组织和发展时，便将成为介于物理科学和人文科学之间的一门基础学科，因为它具有与生物科学和自然科学相同的特点。实验心理学在教育理论和实践方面也将取得更好的成果。

第七章
暗示与催眠术

前面的章节已经讲过一些暗示的例子。所谓暗示，是指不受干扰地发出各种指示，以改变个人的信念和行为。我会根据自己的观察给出一些案例，以阐述这个问题。

生理暗示（Physiological Suggestion） 观察一个月大或六周大婴儿，我们可以得出这样的结论：婴儿的生命主要是生理性的。我们提到过这一时期的行为是单纯的反射行为和某些随机冲动行为，我们似乎已对其进行了详细讨论。

然而，即使在这个非常早期的阶段，我发现汉斯在一定程度上也接受了在同一条件下反复刺激传达的某些暗示。首先，在第一个月结束前，睡眠暗示就开始影响到她了。保姆把她的脸朝下，轻轻拍打脊柱末端，使她入睡。这个姿势很快就变成了一种暗示，不仅在睡前有暗示作用，有时甚至成为入睡必需，即使当时她正以一种不舒服的姿势躺在保姆的膝盖上。

这个例子说明了所谓的生理暗示。它显示出了生理习惯的规律，因为它接近意识边缘。

在成人生活中也会出现同样的现象。睡眠者四肢的姿势通常会引发相关动作。睡眠者出于自卫，会蜷缩身体使自己远离寒冷。儿童逐渐学会对身体姿势、缺乏支撑等情况做出反应，采取必要的行动来防止摔倒，而成年人已经做到了这一点。所有不重要的自动反应都可以归于此类；一个动作（如行走）的感觉，是对下一个动作的暗示，是无意识的作用。在运动的任何阶段，即使存在意识，也肯定与婴儿在上述情况下的意识相似，它们仅仅是内心的一缕微光。对于这种生理暗示，我们最多可以说，可能存在某种意识，普通反射似乎被简化和改进。

潜意识的成人暗示（Subconscious Adult Suggestion） 在本章，有一些相当惊人的现象，其分类非常明显，我们可以无需讨论它们所涉及的一般原则就能列举出来。

乐曲暗示（Tune Suggestion） 最近有人指出，当闭上眼睛时，梦境（我们在梦中看到的东西）在很大程度上归因于视觉元素在视野中偶然出现的线条、斑块等，它们是角膜和眼睑的血管扩张、外部光照的变化、不同形状的尘埃颗粒等因素造成的。毫无疑问，其他感官也通过同样的潜意识暗示，对我们的梦境产生影响。更进一步地说，我们清醒的生活经常会受到这些琐碎刺激的影响。

例如，我已经详细测试了所谓"内部乐曲"（internal tunes）响起的条

第七章 暗示与催眠术

件，即我们所说的"脑海中的乐曲"和"耳中乐曲"，并发现了某些暗示性的影响，这些影响在大多数情况下会导致这些乐曲不受控制地响起。通常，当一首曲子"在我的脑海里"响起时，意味着我最近听过这首曲子，尽管当时没有注意，通常是前一天或更早在教堂听到的。这样一首曲子，我完全无法主动回忆起来，然而，当它在我的脑海中响起时，不难辨认出它属于前一天的经历。其他的例子则显示出各种偶然的暗示，比如：听到莫扎特的名字，就会想起莫扎特的曲子；听到作曲家安妮的名字，就会想起温柔的安妮曲调，等等。在所有这些情况下，只有在乐曲深入意识并经过多次探索之后，暗示才能发挥作用。

进一步的分析揭示了其他事实：此类内部乐曲响起的"时机"通常由一些有节奏的潜意识决定。饱餐一顿之后，除非"感觉到"有更令人印象深刻的刺激，否则这段时间总是心跳加速的时刻。例如，在船上，我的心跳总是和发动机的跳动一样，走路时则与脚步的节奏同步。有一次，敲门声响了四下，我耳边随后就响起了《马赛曲》。跟随这种思路，我发现在任何时候，别人随意在桌子上敲击不同节拍，我脑海中都会随其暗示想起相关曲调。此外，当一首曲子消失时，它的最后一个音符常常代表一种暗示，在一段时间之后，另一首曲子还会有类似的旋律，就像我们在"混成曲"中从一首曲子转到另一首曲子一样。我还注意到，在这种情况下，曲调记忆是听觉性的：当我没有歌词，也从未唱过这首曲子时，乐曲还是会在我的脑海中流淌，它们也有不同的音高。例如，我曾经发现在我的脑海里有一首非常熟悉的曲子，但我想不起来歌词。在钢琴上演奏之后，我发现是F调，最后，经过一番努力，我反复哼着曲调，终于想起了这句歌词，即"待乌云消散"。音调可能视大脑听觉中心的偶然情况而定，也可能由外部声音的音调决定，该音调则是对音乐的刺激。

正常的自动暗示（Normal Auto-Suggestion） 对暗示的进一步分类的结果——属于自动暗示的一般类型，或属于自我暗示的正常类型，我们将对其进行阐述。在暗示睡眠的实验中，我发现某些强烈的反应会影响自己的心理状况。实验步骤包括想象另一个人正在睡觉，这是一种强烈的睡眠暗示，对我来说，如果条件保持不变，大约5分钟就会生效。被试者想象的睡眠画面越清晰，主观上的睡意就会越强烈。大约10分钟后，集中注意力的能力似乎开始瓦解，注意力只有在断断续续的情况下，在巨大的心理惯性面前才能恢复，而即将到来的睡眠几乎压倒一切。一种治疗失眠的不朽良方，对我个人而言，就是望梅止渴，即坚持不懈地努力描绘睡眠图景，并持续地做一些温和的动作，比如抚摸等。

另一方面，不可能通过想象自己入睡来使人处于有睡意的状态。这样做一开始是有希望的，因为它会导致一种平静和放松的状态，类似于通常入睡前的精神镇定，但它不会进一步发展。它会被一种稳定的清醒状态取代，在这种状态下只会强化关注或不关注的念头。如果失眠症患者可以忘记失眠的痛苦，完全忘记自己，他的情况将更有望得到改善。这种情况与已经描述的情况对比后表明，它是一种自我意识，伴随着唤醒的情绪[1]阻止了暗示的实

---

[1] 一位朋友告诉我，当他想象自己死去，不禁感到欣慰的是，他是一具如此英俊的尸体。

现，进而可以解释许多失眠的原因。

感官提升（Sense Exaltation） 最近关于催眠的讨论显示了感官在梦游中可能获得显著"能力提升"。下面将更详细地描述这一点。潜意识中的事件通常成为对被试者有直接影响的暗示。实验者习惯的手势，可能足以催眠与他熟悉的被试者。在正常状态下进行的这种感官训练没有得到足够的重视。婴儿能非常好地对面部和其他个人指征进行微妙的辨别。在长达六个多月的哄汉斯睡觉的过程中，我都睡在她床边。这一长时间的睡眠经历使我对某些暗示有了新的认识，否则我根本不会注意到。众所周知，母亲即便在熟睡后，也会意识到睡在身旁婴儿的需求。

首先，我们可以注意到，在反复的童谣或其他经常用来哄睡的常规设施的刺激下，强烈的睡眠自我暗示已经发出。其次，在黑暗房间里，成人对婴儿发声的听觉和解读会异常敏感。在汉斯四五个月大时，不管她是不是醒着，她睡眠中的动作都会唤醒我。醒来后，我常常能清楚地意识到是她的什么动作唤醒了我[1]。她从枕头上抬起头的动作，很容易与她睡眠不安时的动作区分开来。因此，提升听觉能力并不局限于提高对所听到声音的识别及辨别力。

同样的现象在婴儿的呼吸声中同样非常明显。众所周知，最小的身体机能变化会引起呼吸速度和质量的变化。睡眠时，吸气和呼气相关的肌肉放松，吸气变得长而深，呼气变得短而力竭，两次呼吸的间隔大大延长。现

---

1 这一事实类似于我们一般的经历，即被很大噪声吵醒时，与我们醒来后再听到噪声时，有着不同的解读。

在，睡眠者发出的轻微呼吸声可显示其清醒的程度，这一点十分令人惊讶。专业保姆会熟练地解释这些情况。在我的育儿过程中，听力有非常明显的提高。累积了一些经验后，婴儿逐渐清醒及完全清醒时的特殊呼吸声足以唤醒我。当我醒来时，婴儿呼吸声的变化，以及即将到来的睡眠特征足以暗示或令我入睡。同样，在黑暗中，我可以非常准确地解释她呼吸声的一般特征，指出她的各种需求，舒适度或不适度等。现在，每当我的孩子在我听力范围内睡觉时，他们呼吸声的不同暗示还是会困扰我[1]。

尽管这些刺激是潜意识的，但按照习惯方式，对这些暗示的动作反应则是非常明显且恰当的。印象最清晰的是我用简略的歌声来回应婴儿醒来的动作和呼吸声，我经常在她醒来时哼唱一两首童谣。这些童谣我在夜间无数次重复哼唱，对婴儿来说，这是一种自动刺激。令人惊讶的是，在人们可能会自动完成的事情中，哼唱包含其中。不过，相关研究者声称音乐或半音乐表达的功能可能是反射性的。

这些简单的事例是潜意识暗示原则的不太重要的例证，潜意识暗示原则在社会、道德和教育理论的更高层次则有着非常有趣的应用。

抑制暗示（Inhibitory Suggestion） 这一类被称为抑制暗示的有趣现象，可能在现在所描述的各个层次的神经活动上都有表现。在最广泛的使用

---

1 这是一个不太令人愉快的结果，并且得到了专业保姆的证实。她们抱怨下班后失眠。多伦多的一位保姆詹姆斯·默里（James Murray）女士告诉我，她发现当她听力范围内没有婴儿时，她就无法入睡，因此她从不要求休假。她的正常睡眠显然取决于婴儿不断催眠的暗示。此外，她的经历也证实了我的观察，即婴儿的动作（在醒来之前）会唤醒她，其结果是当婴儿完全清醒并哭喊时，她已经做好了准备。

中，是指暗示刺激倾向于抑制、压制或阻止。我们发现，在某些情况下，这与积极运动带来的某种暗示一样强烈。我们会在下文继续阐述。

疼痛暗示（Pain Suggestion） 当然，读者可能会立即想到疼痛可以抑制运动这一事实。就一般情况而言，这是一种生理遗传，它是机体性的，因此属于消极的生理暗示。婴儿在出生后不久就会表现出收缩、哭闹及起跳动作，因此我们可以毫不犹豫地说，这些疼痛反应完全属于他的神经系统。一般来说，它们具有抑制作用，与表明愉悦感的其他天然反应相反。

然而，疼痛的影响在心理发育过程中无处不在。它的一般作用是减轻或抑制可以带来痛苦的功能。在这一点上，它的作用正好与促进愉悦感的愉悦影响相反。

控制暗示（Control Suggestion） 这涵盖了对身体动作的各种约束，出于自愿的约束除外。婴儿将腿、臂、头等的动作逐渐带入某种秩序和系统中。这是通过机体抑制和反抑制系统完成的，该系统在肌肉感觉与其他感觉（如视觉、触觉、听觉等）之间形成关联。后者是对这些动作的暗示，仅此而已。婴儿学会平衡头部和躯干，指挥自己的手，以拇指与四指相对的方式进行抓握，所有这些主要是通过这样的控制暗示，当然还有他的自然反应来完成的。

对立暗示（Contrary Suggestion） 这意味着，在儿童及许多成年人中，可以观察到一种非常惊人的趋势，即在得到暗示后，都会采取相反的做法。"叛逆"这个词在流行语中用来形容表现出这种行为的人。这样的儿童或成人一有机会就叛逆，他们似乎天生带刺。

对所有观察过学龄儿童的人来说,年龄大一点的孩子,尤其是男孩的"逆反心理"(contrariness)是如此熟悉,我不需要再详细说明了。而且这样的男性和女性常常被相反的暗示奴役,以致他们似乎只等别人表现出某种意愿,便立即反对和阻挠。

对立暗示可以解释为夸大控制。我们很容易看出,上文提到的构成肌肉运动控制法的抑制和反抑制本身变得如此惯常和强烈,以致支配了它们只应进行微调的反应。肌肉序列和视觉序列之间的联系,本应起到控制作用,但由于现在是反向作用,因此机体的变化趋向于逆向运动。

在更高层次的行为和生活中,我们发现了一些有趣的对立暗示案例。对于有禁欲主义气质的人来说,自我否定是对使人自我放纵的诱惑的一种常规的对立暗示。过分谨慎的思想,就像一丝不苟的头脑一样,是对立的牺牲品,这种思想是将想法付诸实践的羁绊。在思想和信念方面,顽固地反对证据和坚持观点的情况也是司空见惯的,这绝不是对立论点的说服力或信念的真正效力所致的。

催眠暗示(Hypnotic Suggestion) 当前催眠理论所依据的事实可以归纳为几个类别,对这些事实的叙述将有助于将这类现象纳入本章所述的一般分类中。

事实(Facts) 当出于某种原因将注意力集中在某个物体上时,比如说一个明亮的按钮,在没有分散注意力的情况下保持足够的时间,被试者会以一种特殊的方式失去意识。概括这个简单的实验,我们可以说,任何能够确保始终如一地关注各种暗示的方法或设备,无论是物体、思想还是任何清晰而引人注目的事物，都会带来所谓的催眠。

巴黎口译学校发现了催眠的三个阶段：第一，肌肉僵直（catalepsy），其特点是实验者将被试者的肢体固定为特定姿势，使被试者肌肉僵硬，被试者在意识上的暗示强烈，且被试者皮肤的某些区域缺乏知觉和缺乏某些特殊感觉；第二，昏睡（lethargy），意识似乎完全消失，被试者对眼睛、耳朵、皮肤等的刺激不敏感，身体像在自然睡眠中一样松弛、柔韧；第三，梦游症（somnambulism），它类似于许多人所经历的普通梦游。最后一点涵盖了普通催眠演示，催眠师在观众面前"控制"被试者，使他们服从自己的命令。尽管其他科学家不认可这三个阶段，但它们仍可以被视为催眠的极端实例，并作为进一步描述的出发点。

在精神方面，催眠性梦游症的一般特征如下。

1. 以特殊方式损害记忆（Impairment of Memory）。在催眠状态下忘记日常生活中的所有事务；另一方面，在醒来后，催眠状态被遗忘了，在后续的催眠阶段，会记住以前类似时期的事件。因此，一个经常被催眠的人有两种连续的记忆：一种是他正常生活中的事件，只有在他正常的时候才会去做；另一种是催眠期间的事件，只有在被催眠的时候才做。

2. 可暗示性（Suggestibility）。这意味着被试者实际上具有接受暗示的精神状况。他在感觉和想法以及行为方面都会受到"暗示"的约束。几乎没有例外，他会看到、听到、记住、相信、拒绝看到及拒绝听到任何可能通过言语或行为暗示给他的东西，即便这种暗示可能是微弱的且不经意的。在行为方面，他的可暗示性同样引人注目。他不仅会与所引导的视觉幻象和谐相处，而且会像自动装置一样执行给他暗示的动作。此外，疼痛和快乐，以及它们的机体症状，可以通过暗示产生。如果被试者被告知面前是炽热的熨斗，即便是用铅笔触碰也可能会在其皮肤上留下疤痕，那么所暗示的疼痛会引起血管舒缩和其他身体变化，正如其他例子中的类似试验所证明的那样，这些现象是真实的。这些真理和下面给出的真理不再仅仅基于"催眠者"的报告，而是正规心理学所公认的结论。

同样，这样的暗示可以用于将来的时间，并且仅在暗示间隔过去时才执行，它们被称为延迟或催眠后的暗示。催眠后的暗示包括在被试者恢复正常状态后一定时间内不进行催眠的指令；这些暗示（如果有合理的微不足道的特点），实际上是在正常状态下执行的，尽管被试者不知道他为什么要这样做，且对催眠时收到的暗示没有任何记忆，这种催眠后的表现可能会因暗示而推迟数月。

3.所谓精神能力的提升（Exaltation），尤指感官能力的提升：视觉、听觉、触觉、记忆力和一般的精神功能敏锐度增加。由于这种极大的"提升"，被催眠的被试者可能会从实验者那里得到无意暗示，并可以在他们全力掩盖意图时，发现他们的意图。他们常常能察觉到情感表达的变化；如果承认他们的逻辑和想象力相应得到了提升，那么仅仅从生理指征来看，被试者解读实验者精神状态的能力几乎没有限制。

4.所谓的融洽关系（Rapport）。该术语涵盖了在科学研究被试者之前所有已知的事实，例如"个人吸引力""意志力超过主体"等表述。确实，只有特定操作者才能催眠特定患者。在这种情况下，被试者在接受催眠时，只接受此人的暗示。他对别人所吩咐的一切充耳不闻。从上文中我们很容易看出，这并不涉及任何神秘的神经影响或精神力量。任何敏感的被试者都可以被催眠，只要被试者有这样的想法或确信实验者拥有这样的力量。现在，让被试者知道只有一个人能催眠他，这就是催眠暗示的开始。这是暗示的一部分，即一定的个人关系是必要的，实验者与被试者之间必须有这种友好关系。这表明，当这样的被试者被催眠时，与他建立良好关系的操作者，可以简单地通过使用向被试者暗示第三方也可以催眠他的方法，将暗示控制权转移给其他人。因此，融洽的关系，以及江湖骗子所声称的"法术"，可以窃取他人个性、远距离控制他人意志，所有这些只要有据可依，都可以用在心理条件下的暗示来解释。

我现在可以就这个问题补充一些实际意见。

一般来说，任何将注意力集中在单一刺激上足够长时间的方法都可能产生催眠作用。如果被试者认为它会成功，即得到睡眠的暗示，那么其作用是迅速而深刻的。因此，可以说那些精心准备的演示，如手法、拓片、神秘咒语等，往往是借助这些手段，没有产生任何生理效果，只起到暗示作用。鉴于此，任何健康的正常人都有可能被催眠，只要他对操作者的知识和能力不太怀疑；同理，任何人都可以催眠另一个人，只要他不引起被催眠者太大的怀疑，并且自己不会动摇或行动笨拙。然而，易感性可能会在很大程度上有所变化，种族因素可能会产生重要影响。在欧洲，法国人似乎最易受影响，而英国人和斯堪的纳维亚人（scandinavians）则最不易受影响。认为低能之人最容易被催眠的想法是相当错误的。恰恰相反，精神病院的病人等是最难驾驭的。这并不令人感到意外，因为在这些情况下，人们缺乏强有力的、稳定的注意力。唯一一类似乎特别容易受到催眠影响的病理学病例是癔病性癫痫患者（hystero-epileptics），他们有极易受暗示的倾向。此外，人们可能会催眠自己，我们在上文中称之为自我暗示，特别是在被别人催眠不止一次之后。更不用说在被催眠后，患者通常会进入正常的睡眠，然后自然地醒来。

更明显的是，如果由同一位操作者开展频繁的催眠，会对患者造成很大的伤害，因为从那时起，患者会养成对同一类暗示做出回应的习惯，这可能会影响他的正常生活。另一个危险是，在患者醒来之前，所有暗示都没有从他的脑海中消失。有能力的科学观察家总是强调这一点。频繁催眠还可能直接对人产生破坏性影响，由于在被催眠时人的状态是不正常的，这在一定程度上是可能的。因此，所有公开的催眠演示，以及业余爱好者的个人催眠，都应该被法律禁止，整个催眠的实际应用和观察都应该交给那些通过考试并获得相应资格的医生或专家。1893年夏天，俄罗斯颁布法令允许有资质的医生开展催眠治疗。而在法国，公共催眠是被禁止的。

在催眠状态下可以或多或少地产生犯罪暗示。在法国法院审理的一些案件中，有证据显示第三人对犯罪分子存在这种暗示影响。然而，这一现象的真实性存在争议。巴黎学派声称，被催眠的对象可能会被暗示进行犯罪行为，被试者可能会将犯罪行为等同于其他正常行为。被试者可能会在指示下用空弹手枪对别人进行射击，或者用纸匕首刺向目标。南希学派（Nancy school）在承认事实的同时，声称被试者知道这是一场闹剧；接受饰演者的暗示并遵从其暗示。这很可能是真的，正如患者在催眠状态下通常会拒绝做一些不符合谦虚、诚实等品性的行为。这表明南希学派的说法是正确的，尽管在催眠中暗示被夸大到了极大的程度，但它受被试者更为良好的习惯、道德情感、社会观点等方面的限制。这进一步表明，催眠可能是一种暂时的干扰，而不是一种精神或身体的病理状态。

尤其是在法国，通过催眠暗示疗法治愈疾病已有许多经典且有影响力的案例。许多情绪狂躁的癔病已经得到缓解，这的确是事实，但是尚无任何催眠方法可以治愈器质性及结构性疾病。医学权威并不认为它是一种治疗价值很高的治疗方法，它很少被使用。假装内行之人的自命不凡造成了社会偏见，我们不禁怀疑催眠暗示的价值是否得到了公平的检验。

在欧洲大陆，催眠已经被成功地应用于各种病例。伯恩海姆（Bernheim）的研究表明，轻微的神经疾病，如失眠（insomnia）、偏头痛（migraines）、酗酒（drunkenness），轻症风湿病（rheumatism）、性和消化功能紊乱，以及一系列较小的暂时性疼痛病因，如鸡眼（corns）、背部和两侧面痛性痉挛等，都可以通过催眠状态下的暗示来治愈或缓解。在许多情况下，这种治疗方法是在没有其他补救措施的帮助下永久有效的。在许多大型城市的医院中，可以对重症患者立刻施以催眠，并提出治疗建议。利博特（Liebeault）是南希学派的创始人，他最早将催眠作为治疗手段。催眠也越来越受到人们的欢迎，是精神病院和康复机构用来控制难治和暴力病人的一种方法。然而，必须补充的是，正在认真对待这个问题的是心理学理论，而非医疗实践。

理论（Theory） 关于催眠的一般特征，存在两种对立的理论。以已故的夏科特（Charcot）博士为首的巴黎学派认为，这是一种病理状态，最容易在已经患有精神疾病或具有神经病倾向的患者中诱发。他们声称，上述三个阶段是非常重要的发现。另一方面，以伯恩海姆为首的所谓的南希学派则完全否认催眠的病理特征，他们声称，催眠状态不过是一种通过暗示人为产生的特殊形式的普通睡眠状态；催眠暗示是对人们所受影响的夸大；巴黎学派的所有变化、阶段、奇怪现象等都可以用这种"暗示"假说来解释。除了一些尚未有理论解释的事实，我们认为南希学派完胜巴黎学派。

催眠显示了一种身心互动的亲密关系，当代心理学才刚刚为其正名，我们应该强调的正是这一点。可以说，意识的催眠状态最能代表暗示的作用。

第八章
教育心理学——心理训练

关于年轻人所表现出的身心差异,上文已多有讲述。在我们听到的对现行教学方法的所有指控中,最常重复的一项是,所有学生都受到了同等对待。这导致对教师的评判标准变为他是否会因材施教。所有这一切都是朝着正确的方向发展的。然而,这个问题仍旧太模糊了,以致虽然许多批评人士大声疾呼——学生应该被区别对待,但他们并不清楚学生具体需要什么,只是一味要求教师采用适合孩子的方式。应该如何对待每一个孩子,这个问题又回到了孩子们各有什么特点,或者说哪种教育方式"适合"孩子这种问题上来,这些问题本身就仍待解决。

本章的目的是指出不同儿童所表现的一些变化,并根据这些事实,努力得出一个更明确的概念,即需要怎样区别对待几类儿童。下文将首先关注各类儿童的差异,他们大多是遗传性和体质性的。

第一时期——幼儿期（First Period—Early Childhood） 第一个也是最大的区别是把人的生命分为两个重要的领域——"接收"和"行动"两大领域。"感觉"和"运动"正成为当代心理学中最常见的描述性术语。我们经常听到感觉过程、感觉内容、感觉中心、感觉注意等；另一方面，我们还会听到运动过程、运动中心、运动失调、运动注意、运动意识等。在心理功能的高级阶段，也出现了同样的对立，如感觉和运动性失语症、失读症，感觉和运动性记忆、想象类型等几组对立。事实上，现在有一种研究倾向是把意识的某一特定功能分配给神经器官的两端，使其成为感觉或运动。尽管如此，毫无疑问，这种区别极大地阐明了心理问题，这些心理问题还涉及神经系统的相关问题。所有教育心理学的问题都可以用此方法解决。

关于儿童间的第一个区别（具有普遍适用性），可以说有些孩子更主动，即更能动，另一些则更被动，即更愿意接受。这是一个相当普遍的区别，但是一两个词就能概括儿童的本质。

对心理学家来说，"积极"的人是对暗示非常敏感的人。暗示可以用最笼统的术语来描述，即来自外界环境的所有影响（无论是环境影响还是个人影响），这些影响会形成意识并引发行动。一个在很大程度上"易受暗示影响"（suggestible）的孩子会表现出我们所说的"能动性"（motility）。他接受的暗示会直接转化为行动。他倾向于迅速、快捷、不加反省地采取行动，把环境暗示中的新内容吸收到先前习惯的行为方式中去。一般来讲，这样的人，无论是儿童还是成年人，都会匆匆得出结论。他急于采取行动，对所有事件或建议都会采取某种行动，即使没有明确的行动暗示，或者有人试图阻止他采取行动。

从心理上讲，这样的人受习惯支配。这意味着他的神经系统，无论是由于遗传倾向，还是由于他受到的教育中某些因素的不当支配，会迅速向运动输出的方向发展。从脑部涌入肌肉的最迅速的渠道已经固定和渗透，这些过程一旦在感觉中心，如视觉中心、听觉中心等处萌芽，就很难控制它们的能量。它们趋向于在某些运动组合的方向呈现出不稳定的平衡，而这些运动组合又代表了某些类别的行为。这就是习惯，而运动神经极端活跃的人总是习惯的产物。

那么，应该如何对待这种类型的儿童呢？根据上文所述，我们有必要得到这个问题的答案，也就是说，除了遗传以外，这种情况的出现，往往是由于他没有得到老师的正确对待。

老师在与这样的学生打交道时要牢记一点：他们有冲动的、积极的、总是迅速反应的习惯，但其言谈举止几乎总是犯错。习惯本身确实是好的，如果我们再进一步，应该看到所有的教育的结果本质上都是习惯的形成，但是在这里，该情况中我们拥有的不是多种习惯，而是一种习惯。这个孩子表现出的不是多种习惯倾向，而是一种习惯倾向。为了控制习惯的形成，老师的首要任务是以某种方式带来一点习惯惰性，这可以说是短暂的机体犹豫，在此期间每种习惯的利弊得失可能会被带入孩子的意识中。

对于有智慧的老师来说，如何控制和调节孩子粗暴、不体谅他人的行为是最典型的问题之一。对于不同年龄的孩子来说，答案肯定不同。然而，总体来讲，从心理学家的角度来看，老师需要做的是在某种程度上抑制他那些不受欢迎的行为。抑制是在一段时间内进行阻塞，导致运动能量进入感觉中枢时受到某种"挫折"（setback），或是将这种能量以更多样的方式在还未形成习惯输出时进行重新分配。对大一点的孩子来说，合理的方法是为他们分析所犯的错误，向他们表明因仓促行动而遭受的惩罚。这需要高度警惕。在课堂上，老师可以指出"停下来思考"的学生会取得更好的成绩。这将给草率的学生带来一种动机，即与深思熟虑的同学半公开地进行比较。如果使这种方法成为公认的班级学习方法，则思考过程将是完全可以接受的，但还应注意，不要让学生因比较而蒙羞。最终可以用"持平"来解决，具体说来，则是适当表扬那些总是表现出敏捷优点的学生。

对于年龄较小的学生和年龄较大的学生，用更间接的方法对待更有效。教师应该研究相关学生，找出其习惯的大致趋势。然后要有一定目标地对布置给他们的任务和行动进行监督。他们的习惯行为的复杂程度应该与其能力成正比，目的是训练他们的习惯，而非简单地机械重复。如果他们在课桌上涂鸦，以表现出对绘画的爱好，那就给他们绘画材料，并给他们布置一些绘画任务，但不应以任务为目的，而应因材施教，鼓励他们不断进步，而不是原地踏步。如果他们手脚动作一贯笨拙，可以试着让他们对一些锻炼手脚敏捷度的游戏感兴趣。

此外，在学习任务中，这样的学生应尽可能多地接受更抽象的科目训练，因为这些科目不需要即刻采取行动。数学对他们来说是最好的学科。语法也很好，如果教得好的话，能立刻使他们对某些抽象的关系感兴趣，也能在言语练习中发挥他们的能动性。这一功能需要练习，而且要在老师的观察之下进行。事实上，语法是小学最好的科目之一，因为在语法教学中，所涉及的指令会立即体现出行动功能，这些功能是教师想要学生掌握的功能。可以说，教学证据可以表明学生是否理解了教师的指导。这给了教师一个宝贵的机会，使他的教学指导比行动表达更受学生重视，从而可以引导学生思考，而非冲动行事，教师同时还会指出仓促行事可能导致的错误。

对待冲动的学生，我们应该鼓励使用这种间接的方法，不应直接"控制"学生。对这样的男孩或女孩来说，最糟糕的事情是命令他们坐着不动，更糟的是在命令之余施以痛苦的惩罚。这直接违反了暗示原则。这样的命令只会泯灭学生对其他事物的想法和兴趣，从而使其把注意力集中在自己的动作上。那么，这就等于不断地暗示他做你不想让他做的事。相反，除非你给他暗示和益处，使他的思想远离他的行为，否则你的努力可能会加剧他的不良倾向。正如我在上文中指出的，这种方式导致许多教师难以纠正学生身上的不良习惯，从而使本来很好的积极教学付之东流。一个消极暗示（即不做某事）似乎公认没有消极作用，但是，恰恰相反，在早期，它只是积极意义上的更强有力的暗示，因为它强调了被禁止的事物。禁令中的"禁止"并使学生减少想象"禁止行为"，使学生增强了对"禁止行为"的关注。从生理学角度讲，注意力会倾向于对关注事物采取行动。事实上，所有惩罚的哲学都建立在这种考虑之上，除非惩罚倾向于使人的头脑充满被惩罚以外的东西，否则弊大于利。惩罚必须是实际的，其性质必须改变，变得更加让人感到快乐；绝不能终止于威胁，也绝不能把犯罪想法牢记在心。在这个时期，最好通过建立不同行为来确保对某种行为的永久性抑制。

对运动性儿童的进一步研究，需要对记忆和想象力类型及其处理进行研究，我们将在下文进行阐述。接下来，我们简要介绍一下感觉型儿童的特点。

感觉型儿童主要是那些看起来更被动、更受身体惰性困扰、年龄稍大时更具沉思性、不太善于执行新动作以及接受暗示速度慢的儿童。

这些儿童通常被进一步认定为不易受暗示的类别，与运动型儿童形成明显对立。他们年幼时似乎更呆板，男孩比女孩更明显。早在两岁时，这种区别就已经十分明显。运动型儿童会大声哭闹，用有力的行为表示悲伤；感觉型儿童则会安静地悲伤，当对方已经完全忘记不愉快时，他们还会继续悲伤。运动型儿童会提出很多问题，但似乎从答案中没有学到什么；而感觉型儿童仅从对方的问答中就可以学到许多。运动型儿童会以同样方式受到多次伤害，却没有形成足够的自制力，以避免犯同样的错误；感觉型儿童在未知和不确定的情况下往往会胆怯，会从一次或几次经历中学习，他们在确保没有危险之前不会采取行动。运动型儿童在坐立等方面往往躁动不安，在情感上更具表现力，在行动上更易冲动，性情更宽容。

相比于运动型儿童，在对待感觉型儿童时有更多困难和危险。这种区别的本质使我们明显看到，运动型儿童可以通过不断地自我表现，揭示自己的进步和错误，从而"表达自己"，感觉型儿童却并非如此。我们对另一个人精神状态的所有了解，从技巧上来讲，都是通过他的动作及表现力、态度、行为方式等方面获取的。我们无法直接阅读对方的思想。因此，就个体活跃程度而言，表现力较弱和自我揭示较少的儿童对老师来说，更像是一个谜。

在这种情况下，很难说他赞成老师的哪些指示，以及自行做了哪些决定；另一方面，也很难看出什么对他来说比较困难，什么是可取的，什么是不可取的。当运动型儿童解释自己的冲动行为时，感觉型儿童沉浸在自己的内心世界里，不给出任何答案。因此，我们被剥夺了了解他自我解读的最佳方式。

因此，强烈建议采取谨慎态度。不管在什么情况下，教师都需等待儿童真实心理状态的一些明确的迹象，即使给学生们发出的指示可能不被理解，或者训诫伤害了他们，或者运动型儿童未能清晰理解常见的基本义务。如果教师要求感觉型儿童即刻行动，教师对这类学生的全部影响力就可能会消失。即使以失去宝贵时间为代价，也最好等待，而不是进一步错误地估计儿童的同化程度，错误地对待不同类型的儿童会适得其反。而且，一旦暗示他与长辈之间关系不融洽，他会变得更加沉默，并隐藏自己的心思。

指导应该是有区别的。在任何可能的情况下，都应该引导儿童进行自我表达——让他大量复述一些简单的诗句；尽量让他多讲话，以最大限度的谨慎和友好的态度向他说明他所犯的错误，并在建议纠正后，让他重复一次正确的行为。培养他的模仿倾向，模仿是养成简单行为习惯的基础。在安排孩子们玩游戏时，请注意，即使他退步并犹豫不决，也应该继续监督他积极参与其中；尽可能使他成为领导者，以培养他做事的责任感，并使他理解这样安排的原因。总之，最重要的是让他以某种方式表现自我。这既可以使他得到更好的平衡，也能向敏锐的老师表明自己的进步以及下一步的发展。

我认为，对感觉型儿童来说，幼儿园有很大的益处。这给了他在动作和表达上的便利，也给了他一定程度的个人和社会信心。但是出于同样的原因，幼儿园对相应年龄段的运动型儿童给予了过度激励。幼儿园确实应该有两种方法，一种是基于深思熟虑的理念，另一种则是基于表达的理念。

显然，教育者的任务是帮助纠正片面发展的倾向。正如前面的情况，这里的变化最终是个人所特有的习行、癖好方面，而以天赋为首。我认为，天赋更多的是从儿童沉思默想的心理和相对封闭的大脑中发展而来的，而并非来自运动型气质相对平稳的发展。但正因如此，如果封闭被打破，天赋的发展方向不健康，发展速度不合理，天赋则会在剧烈的情绪中被强制释放，随之而来的则是忧郁和某些非社会倾向，天赋最终会变为怪癖，而罪魁祸首可能就是我们自己。

这似乎是对的（尽管在推断时须格外谨慎），但在这里我们也发现不同性别之间存在一定的区别。女孩在学龄前后表现得早熟，这也许在运动型儿童中是一个优势。这一点可以从她们似乎比男孩更积极的表现中得到证实。就我的观察而言，女孩能做出更快速的反应，具有更灵活的表现。男孩似乎需要更多指导，因为他们不太会将实践转换为知识。在随后几年中，通过设置需要更多思考的任务，而不仅仅依靠这两类儿童的自发性，教育机构会消除这种差别。然而，在整个过程中，人们普遍认为，女孩相对来说更容易冲动，更容易未经反思就采取行动。

我们所阐述的内容可能足以使人们普遍认为，教育应在最早阶段就考虑个人特点。然而，在其后的成长阶段，感觉和运动的一般区别在记忆和想象力方面有更多的应用，我们将在下文一一介绍。

第二时期（Second Period） 当然，随着学生年龄的增长，这项研究变得更加困难，因为儿童的家庭、学校和其他一般的社会环境中更恒定的因素会导致遗传的影响趋于模糊。感觉型儿童经常被运动型同伴的刺激行为影响，感觉型儿童会受到父母和老师为克服他过于决断的倾向、防止其片面发展而采取的直接措施的影响，而运动型儿童往往能从环境中找到矫正方法。

然而，个体之间的机体和遗传性的差异，以及随着学龄增长而发展的智力和道德差异是非常明显的，我们在后期发现了一系列类似差异。遗传变异与主要受独生子女社会环境教育影响的变异存在着对应关系，其原因本身很具启发性，但因篇幅所限，此处不进行阐述。

事实是：儿童在家庭、学校、社会环境等的影响下，倾向于发展出记忆、想象和一般思维方式的明显特征，要么是感觉型，要么是运动型性格。

如上文所述，我们首先研究"运动型"性格儿童，发现他们的心理成长验证了其遗传类型。在与其他孩子打交道的所有社交活动中，他们或多或少地表现出了专横和自信，至少他们的行为举止会使人们对其形成这种看法。他们似乎总觉得有必要采取行动，以展示自己。他们在人前"表演"，表现出的谦虚不如其幼年时期，他们的活动形式给其他孩子留下了深刻的印象，其他孩子会跟随他们的思路聚拢到他们身边。他们兼具进取型人格的优势和风险。在每一种紧急情况下，他们对每个同伴都有暗示并制订了行为准则，这些全部来自他们的一时冲动或凭自己敏捷的行动意识，对他们而言，犹豫是失败的代名词。

根据心理类型理论，这种普遍的成长策略或方法对他们的意识的意义，正变得越来越清晰。一个人之所以是运动型的，是因为他的大脑总是很容易就能记住或重现肌肉活动时的抽动、收缩、扩张等景象。他的思维方式一般源于肌肉的感觉或这种感觉在他记忆中留下的痕迹。他思考的方式，并不是源于事物所展现及听上去的样子、闻起来的味道、摸起来的感觉，或这些感官涉及的所有体验，而是他行为方式的感受。他对一切事物都有力量感，他用这种力量感衡量及度量各种价值。

正是这种对特殊心理意象的偏爱，以及对运动或肌肉的偏爱，使这种类型的儿童在这段心理时期有了自己的独特性。当我们完成对这种独特性单纯的外在和机体描述，并试图确定伴随着儿童延续至个体成熟期的心理特质时，我们看到了它的意义。事实是，一种特殊的心理意象趋向于在意识中膨胀并垄断思想领域。换种说法，即注意力或多或少地受到了这种意象所代表方向的引导。相对于声音或视觉效果，将注意力集中在动觉等效物上的习惯变得更加牢固。这种情况会一直持续下去，直到注意力的运动习惯成为唯一便利和正常的注意方式，然后，人的一种、多种或所有的思考和行为模式就被固定了。

因此，我相信，现在已不难理解为什么这类儿童或青少年具有其所特有的特征。关注某一动作的想法往往会引发这种动作，这是一个我们熟悉的原理。你在脑中努力思考眨动左眼的时候，会有种冲动去眨动左眼。让儿童坐立不安的最好方法就是告诉他坐着别动，因为正如我刚才所说的，你的言语使他们的注意力中充满了行动的念头，而这些念头又会引发动作，尽管他们在努力保持顺从。观察小孩子充当观众时的样子（大一点的孩子也一样），当一名激动的演讲者向观众们慷慨激昂地演讲并使用许多手势时，观众席上的孩子们也会这样做,虽然他们模仿的手势比较滑稽。他们构想动作,将注意力集中在动作上,然后做出了适当动作。

这只是我们在运动型儿童身上发现的现象的概述。这类儿童总是用动觉等效物来思考事物。借助各种可能的信号和各种联想,他们的意识中充斥着肌肉感觉。因此,所有的指示、警告、责备、建议等进入此类儿童的意识后,他们会通过运动渠道来表达自己,这一点也不奇怪。此类儿童有冲动、不安、专横、不假思索的性格。现在,我们将更详细地描述他们的心理特征。

首先,运动型儿童的心理倾向于快速概括。教师们知道运动型男孩会仅凭个人意向来预测结论。他们得到的一般概念的应用范围最广泛,但他们对概念的应用目的并不了解,对概念的理解和描述方向并不深刻。例如,当运动型男孩听过拿破仑的故事后,会以军事上的成功来定义英雄主义,然后在玩耍时模仿拿破仑。这种概括的倾向是其行为倾向在心理上的对应物。这种概括的原因是,大脑能量并没有被滞留在感知通道中,而是直接涌向与以前感知相似的动觉等效物;当前的感知随后在旧感知中消失,而这些旧感知习惯性地吸引注意力,于是行动随之而来。对这类儿童来说,因为拿破仑是他知道的第一位英雄,所以所有英雄都是拿破仑,这类儿童将所有英雄都当成拿破仑。

其次,此类学生很难注意到并记住事实的区别。这自然归因于他的草率地概念泛化。一旦确定新旧事实相同,并且对该类事物有了认识的缺陷,他们就会变得越来越难以回头,仔细整理经验。即使他们发现了自己的错误,旧时的行为冲动也会再次控制他们，他们会急于重新进行概括，以取代旧时的做法，但会因草率行动而再次陷入错误。运动型的学生会比其他任何人更容易引起老师的不耐烦。

根据这些特点，存在一个关于此类儿童的一个评价。这种评价很独特，即老师很难评估和控制此类儿童。运动型儿童具有注意力的流动性。这意味着他们具有一种心理特质，所有经验丰富的教师都在某种程度上熟悉这种特质，并且认为这种特质令人困惑且难以管理。

注意力的流动性，表现为匆忙、仓促、检查不充分、过度迅速、随时同化、听而不闻、听过即忘的习惯。最好的方法是让学生对自己的状态有足够的了解，让他们回忆起自己的状态，并让他们思考该如何回应教师的指示。这样学生听了老师的话之后，会应答"是"，甚至在直接指示下会采取适当行动，但是当他再次遇到相同情况时，他会将老师的训教完全抛在脑后。在心理上，这种状态不同于关注，关注是一种完全不同的思想类型。运动型儿童并非不会全神贯注，他会随时听取你的训教，但他只会瞬间集中注意力，像山间小溪一样流动。他的注意力是流动的，总是处于过渡期，从彼到此，一跃而起，敏捷而躁动，但从中获得的锻炼是唯一的回报，他所学到的内容非常少。这在精神层面上阐释了"滚石不生苔"的道理。作为一种心理特征，运动型儿童的特征与本书前几章讲到的儿童早期所表现出的肌肉躁动类似。

心理学书籍对这种"流动的注意力"（fluid attention）的解释过于简单，本书也没有篇幅进行详述。可以说，注意力所对应的的大脑位置即运动中心，它与将能量释放到肌肉中的过程相配合。因此，注意力的流动伴随着肌肉的紧张和舒张，我们看到，运动型儿童的注意力是随时待命的，而这种"流动性"只是其运动象征的一个特例。

首先，仔细研究与这类学生相关的教学问题后，我们的第一个发现是，这类学生很难对任何复杂的事物给予持续或充分的关注，很容易转移注意力，并将大量精力用在了关注事物的表面上，以致将事物间的微弱联系置之脑后。他的运动倾向突如其来，各类事物间的差异被置之脑后。他会假定理解了自己无法理解的事实，并根据这些假设继续在行动中表现自己。所以，尽管他似乎接受了别人所说的话，但他的直觉惊人地迅速，个人适应能力也不逊色，老师第二天会失望地发现自己根本没能深入了解运动型儿童的内心活动。

其次，和运动型儿童的早期表现一样明显，其后续发展产生了令人遗憾的结果。当此类学生在没有克服这种"注意力不集中"倾向的情况下开始大学生活时，高校老师会对他们束手无策。我们说他们"从来没有学会学习"，不知道"如何努力"，没有"吸收能力"，意味着他们已经形成了自己的反应渠道，无法容纳任何对他们"感知系统"进行修改的指令。这种尴尬非常明显，因为这样的年轻人在整个教育时期都愿意、随时准备、乐于迅速和准时地完成所有任务。

在学龄早期，该如何对待这类学生？除了以上建议的主要措施外，这对中学教师来说尤其是一个问题。在8~15岁时，这种心理类型才有了迅速的发展，在此之前，主要应采取预防性措施，主要包括一些暗示，旨在使其行为输出更加谨慎，使整体风格不那么冲动。但是，当带着独立的自我引导和个人适应能力来上学时，运动型儿童的问题就会变得棘手。"放任自流"（let-alone）的方法使他们的倾向得到发展，并最终形成该心理类型，建议采取某些积极的方式对这种类型的儿童进行间接约束。

要给这类学生布置相对困难和复杂的任务，除了采取使他们感到尴尬和困惑的措施之外，没有其他方法可以阻止他们过度地自我演化。我们不能"让他们接触一切真理"，但我们必须驱使他们摆脱一切错误。要是他们明白：失败、挫败和不幸，甚至令人痛苦的后果会教会人谨慎和深思熟虑。个别指导对他们没多大用处，因为他们随时准备聆听所有指导，但是由于他们不了解自己的不足，无法将听到的指导付诸实施。要让他们与上进的学生待在一起。不要让他们参加音乐朗诵会，因为他们的莽撞会对个人和团体造成伤害；不要帮助他们完成任务，直到他们从挫折中真正吸取了教训，才可以逐步地帮助他们，一步一步地向他们展示，让他们不断地努力。尽最大努力保护他们不受各种干扰，因为即便是在处理事关自身事情的最关键时刻，他们也可能会转移注意力。通常要将学校活动的次要角色分配给他们，只有当活动需要认真规划、执行复杂任务及领导力的人时，再将主要角色分配给他们，因为他们通常不按常理出牌，喜欢以新颖的方式开展活动。如果他们应付不了复杂的活动，则需要同伴协助完成。他们的草率将招致惩罚，这对他们来说也是一种教训。

除了这些一般的抑制和规定，还有一个非常重要的问题，那就是什么样的科目最适合这类学生。我已经暗示了这个问题的一般性回答。对运动型学生而言，他们适合学习涉及仔细观察具体事务及正确概括的科目。另一方面，只涉及描述性原理的科目在他们的日常学习中应占很小的比例。这类科目在很大程度上需要调用记忆中更为机械的功能，只有背诵所有相似且具同等价值的细节才能学好这类学科。衡量不同学科对他们的作用时，要把握这些学科对他们的相关要求，即是否要求他们改变草率的个人反应，停止草率地追求一般结果，当事实发生时，是否有助于其将注意力保持足够长的时间，以便对其内在的逻辑关系有所了解。没有逻辑关系的学科，倾向于通过重复来培养学习习惯，只会使其专注于我所称的"流动性注意力"。

因此，应该教给他们可以吸收的所有数学知识，从算术到几何，然后是代数，有条理地教给他们足够的语法知识，让他们早早地学习物理和化学。相应地，要把他们排除在植物学和动物学的课程之外，让他们参加研究植物、石头和动物的探险队。如果附近有一所工业学校或机械车间，试着让他们对事物的制造方式感兴趣，并鼓励他们参加此类活动。这样，如果他们错误归纳了手推车轮子或玩具船索具和帆的制造方式，他们会快速纠正错误。

对这样的青少年来说，从生活中吸取经验是一项很好的练习，他们很快就能掌握其中的技巧。显而易见，所有这一切都会使他们的冲动行为在某种程度上受其思考活动的限制。

借助我上文的建议，读者可以根据儿童的类型来处理细节。受篇幅所限，在介绍感觉型儿童之前，我再讲两点。

第一，在涉及这类心理类型学生的教学中，奉行从特殊到一般的方法。讨论教学方法时，要充分认识到学生的类型差异。在正常情况下，绝不能给运动型学生通用的公式，也不要告诉他们如何解决特定问题。这与他们本身的倾向太类似，即通过类比寻找真理。他们更需要的是获得真理时的尊严感，并有必要在这种感觉迅速消失之前给予这种感觉独立地位。因此，无论老师讲授的是数学、语法还是科学知识，都应该让他们一点点地通过亲自观察和证明来发现原理。由于这样的方法在描述性科学和其他科学分支（植物学、动物学，以及情况更糟的历史学和地理学）中是不可行的，因此我们应该适当限制此类学生参与此类学科的学习。这些学科需要简单的记忆，不需要观察。这些学科重视仓促的临时学习。

正如上文所说，代数的地位低于几何。代数有其独特的原则，即代换原则，即等价符号可以相互替换；在不考虑特殊情况的情况下，存在多个结果。出于同样的原因，逻辑演绎对这些学生来说不是一门好的学科；经验主义心理学或者政治经济学，则是他们进入高中后更好的道德科学入门学科。这就解释了上述关于语法教学方法的含义。至于语言学习，我认为它的价值在此阶段及此后的阶段被高估了。在中学时期，语言学习所占的时间比例对这一类型的学生来说不亚于一种公共犯罪。我们将在下文讨论这个问题。普通学生的探索意识及归纳能力在刚进入大学时就被扼杀了。当面对所有烦琐的学科时，他们感到震惊，因为他们在中学时学到的通用公式无法"解锁"此类学科。他们毕业并走入社会后大概率会顺从权威而非证据，只会模仿他人；除非他在大学生活中有所成长，摆脱中学教育的束缚。

第二，教师应注意运动型学生的一个特点，即对结果进行复杂猜测的倾向。以一个七八岁左右的，特别是有运动遗传特征的儿童为例，观察他在阅读中习得新词的方法。他会本能地读出一个词，由于这个词是错的，他便将视线从课本上移开，猜出脑海中出现的第一个词；只要老师坚持要求他再试一次，他就会再重复这一动作。这种倾向会伴随他今后的学习生涯，即通过捷径得出一般结论。他没有学会对反复思考得到的判断数据进行分析，并且他的注意力也没有停留在必要的细节上。所以在整个学习过程中，他总喜欢猜测。此时，老师只有耐心地引导才能帮到他，即带领他回到问题最简单的环节，并帮助他逐步获得结果。

我认为，在大多数运动型儿童的情况中，与相反类型的儿童交往是其最好的矫正方法之一，但前提是这种陪伴关系不能一边倒地永远由运动型儿童垄断。当他们在课堂上受挫时，可以把同样的问题交给一个略显沉闷但喜欢深思的学生，然后让运动型学生从中学习经验教训。当然，如果老师可以监督学校的活动，也可以在活动中使用类似的处理方法。

接下来我们讨论8～16岁感觉型青少年。在这个年龄段，中学教育呈现出巨大问题，我们发现这一类型学生与运动型学生之间存在着某种有趣的对比。对这类学生的研究更为紧迫，原因我已在儿童心理学那一章节提过。首先，我们有必要对这类学生的心理特点有一个相当充分的认识。

当前的心理类型学说是建立在大量事实基础上的，是在与不同类型的心理问题，尤其是那些与语言紊乱有关的失语症直接接触后得出的。从这些事实中得到的最全面概括是，运动型和感觉型人格之间的区别，我们在上文已经阐释过，但是除了这种一般区别之外，还有许多更细微的区别，在研究感觉型的人时，有必要探讨这些细微的区别。成人和儿童不仅在心理构建的必需材料上有所不同，即这种材料是由动作组成的，还是由特殊的感觉组成的，而且在后一种情况下也有差别，即哪一种特殊感觉赋予特定个体必要的暗示和最完美的功能？我们在感觉型学生中发现了几个相对不同的案例，老师在同一个班级里可能会遇到这些案例中的所有情况，其中视觉型和听觉型最为常见。

感觉型案例中普遍存在多种分类，诸如视觉型、听觉型及其他什么类型，这些分类下文都将有所涉及。

第一，在所有这些类型区分中，观察注意的基本内容之一是注意的行为。我们已经看到，在运动型学生身上，注意力很大程度上与上文所说的"流动性注意力"有关。所有感觉型案例都涉及注意，但是呈现的方面截然不同。与注意力直接相关的普遍事实为我们提供了一种判断和区分的最佳规则。一般来说，对感觉型儿童来说，注意力很容易受兴趣影响，因为他们偏爱感觉，这种感觉会使他们全神贯注。正如上文所述，这种倾向也表现在运动型学生身上，并在行动、速度、活力、仓促概括等方面起作用，但在感觉方面，它有不同的形式。心理类型典型区分的第一个方面，我们可以称为"偏爱（favoured function）与注意力之间的关系"。

第二，另一种相对关系。在我们考虑个案时，这种关系也很重要，这就是"偏爱（如运动、视觉、听觉等）与习惯之间的关系"。我们可以普遍观察到习惯使"偏爱"变得容易，习惯很难被打破。事实上，对习惯的所有讨论都平淡无奇，但当习惯被视为与注意力有关时，对习惯进行思考，我们会得出某些事实。

一般来说,我们可以说习惯与注意力有双重关系。一方面,扎实的习得是注意力保持的结果,注意力的保持或多或少与习惯有关。另一方面,我们不需要关注那些已形成习惯的习得,而要关注那些正在形成习惯的习得。实际上,我们获得新的习得,主要源于紧张的注意力。因此,我们对比了有关儿童敏锐和专一注意力的情况:在每种情况下,都必须明智地考虑这些问题。通常在没有障碍和阻碍的情况下,运动型学生会在习惯的引导下集中注意力。正如上文所述,对于运动型学生而言,教师的主要职责是让他们保持注意力并稳定地将注意力转移到新颖、复杂的事物上。另一方面,感觉型学生则表现为注意力被细节及新颖性所阻碍,无法顺利地进行习得,并且通常缺乏习惯的常规影响力来引导他们以一般方式进行总结。

这个话题的第三个方面是:感觉型的人很难应付更为复杂的社会和人际关系。由于这种类型代表了更强惯性和复杂性的大脑过程,故这一过程更容易受到阻碍。这些过程较慢,并在大脑的较大区域内进行。

这些是关于更广泛的类型区别概括性的论述,我们接下来将讨论感觉型的人。

视觉类型(Visual Type) 所谓的"视觉型"或"视觉记忆"的人,在感觉型的人中是最大的一类。他们尽可能使用视觉意象,因为这是他们的普遍趋势,也可能是因为在特殊行为的特定功能中,视觉材料最容易进入大脑。关于"视觉型"的细节是非常有趣的,但我不想占用篇幅去深究。针对这类学生,对教师来说,很重要的领域是语言领域,其中涉及语言教学中出现的一系列问题。其象征意义及其与数学、逻辑等的关系也很重要。最后,这类学生的各种表达形式也很重要。根据他们在这些方面的所有表现，教师需调整教学方法，以适应这类学生。

视觉型学生通常表现出在语言和言语功能上的优势；见到了文本，他们学得最好，也最快。他们很喜欢视觉插画。与听课相比，他们通过阅读更能理解知识；他们把自己的视觉符号当作一种通用货币，用来将通过其他感官出现在他们面前的景象转换为视觉符号。关于注意力行为，感觉型学生说明了我在上文提出的注意功能的两个方面。视觉型学生最注重的则是视觉引导，但是，另一方面，习惯的偏离往往使他们变得肤浅。因为对视觉的关注对他们来说是最容易的，而且他们对视觉记忆最为熟悉，所以他们倾向于对呈现给他们的新事物进行过快处理，并将这种行为转化为习惯。最重要的是要注意到这一区别，因为它类似于运动型学生的"流动性注意力"。关于学习的相关性、注意力的训练和兴趣的激发等一些非常重要的问题都取决于对它的认识，那就是事物的状态。自愿使用视觉功能可获得最佳效果，但是习惯性、非自愿以及随意地使用它会产生不良结果，并易形成不良习惯。

例如，我给一个强烈视觉型的男孩一个"副本"来绘制。当看到这张副本时，他会很快识别，并快速完成任务，这一切都是在习惯的引导下进行的，但是结果很差，因为他的习惯取代了努力。然而，一旦让他在这方面做出努力，他将取得最佳成绩，也许因为这项任务使他按照自己喜欢的方式行事。同样的对比也出现在其他感觉型学生身上。

因此，可以说，关于心理类型的两个方面——偏好功能与注意力的关系、偏好功能与习惯的关系——都在视觉型学生身上找到了重要例证。他们不仅是感官型，还是视觉感官型。他们的心理过程显然是朝着视觉方向发展的。因其常见，显得更为重要。虽然缺乏统计数据，但在文明社会中，可能有一半的家庭在其语言功能上是可视的。毫无疑问，这是因为文明通常强调视觉是社会习得的一般手段，并把视觉作为主要的教学方法。

　　第三个提到的事实也可以用这种类型来说明：通过对人的心理施加视觉上的压力，我们可以很容易地实现心理引导或使人精神错乱。由于中枢病变导致视力受损或视觉中心及其连接的退化所引发的各种特殊缺陷，我们无需一一赘述。它们很常见，而且很难恢复。视觉类型的人常常完全沦为视觉的奴隶，如果"视觉型"的人视觉发生损坏，他们就会成为智力海洋岸边搁浅的船只。对于刚才提到的大部分视觉型学生，学校当局应注意以下几点：良好的光线条件，避免视觉疲劳，适当调整所有与焦点、对称性、物体大小、拷贝、打印等有关的视觉应用的距离。对于细心的老师来讲，这些是显而易见的，家长也更应早点注意到。孩子在入学前，应该由合格的眼科医生检查，并定期复查。学校的审查人员和董事会应具备报告学校照明卫生状况的资格。坐在课桌前的弱视儿童如果面对窗前明亮的眩光，不仅可能导致普通的视觉缺陷，而且可能造成心理和道德损害；对于那些主要依靠视觉来摄取食物、饮水和运动的人，结果会更糟。

　　在教授这些视觉型和其他感觉型学生时，教师必须遵循已给出的方法指示。本章已经努力陈述了教育心理学中一些影响深远的问题，并寻求这些问题的答案。总体来说，关于感觉型儿童早期阶段的建议同样适用于感觉型儿童的后期阶段，而且在大部分的对待方式上，感觉型与运动型学生应形成鲜明对比。

从对儿童教育的普遍考量出发，中学教育时期最有利于学业发展的重大学科是数学和实证科学，这一方面是因为数学发挥了抽象能力，实证科学则训练观察能力，追求细节。如果进入大学阶段，我们发现精神和道德科学、文学和历史都能起到相应作用。如果尽量考虑心理因素，我们会发现语言学习本身在中学教育中不应占据重要地位。正如上文所述，语法的学习在儿童早期发展中是非常有用的；从公开接受社会检验的结果来看，它可以激发儿童的自我表达，语法学习有自我纠正的能力。在我看来，这些是语言学习的主要作用。

像拉丁语这种死板的语言，青少年花费10年或12年的时间学习有什么意义呢？它并没有什么表达效用；学习我们自己的语言，就能很好地把握优美文学作品的真谛，这一点却遗憾地被忽视了。在沉闷的语言学习中，青少年的兴趣在源头就枯竭了。他们的脑袋被塞满了公式和规则，而没有发明或发现的渠道，这摧毁了他们的好奇心和动机，甚至类比推理也被严格禁止。他们就像被关在没有窗户的房间里，与自然隔绝；字典是他们的权威，是绝对的和终极的，但它既平庸又没有实用价值。他们的勤勉是被迫的，而非自发的；与身体相比，他们在精神上也成为驼背和近视。受传统和进阶考试的影响，这种错误的教育似乎仍然根深蒂固，以致文化的健全被人为地等同于对文化的维护。然而，我们应该从历史、考古学和文学的研究中更好地学习古典文化的精神和希腊罗马生活中持久的元素，因为语言学习不是文学研究。在被迫定期接受语言考试的学生中，不超过百分之一的人能从这些语言学习的形式中得到审美品质或灵感。

不仅如此，不管学习什么语言，用语法和词典进行语言学习至少会产生一种真实的恶果——需要不断努力来将要素没有特定原因地放在一起，智力猜测的习惯随之被培养起来。当无法解释某件事时，人们就将其推测出来。猜测总比查字典容易，并且如果猜对，它也算是答案，而且老师无法区分学生的回答是源于猜测还是源于用功学习。我冒昧地说，从个人经验来看，在大学里修过古典文学的人，都不止一次地猜测过作者晦涩文章的含义。这种肤浅的手段代替了诚实的努力。不仅肤浅，猜测还是不诚实的。它是惰性的仆人；更糟的是，它是精神的虚妄和有意的道德懦弱。

这种影响显示出了文学爱好者内心容忍的一种习惯，并与科学所要求和证明的形成了鲜明对比。我认为许多文学印象派和伤感主义都反映了猜测的习惯。

为什么要猜测呢？为什么满足于印象？当提及"某个"（通常意味着不确定性）时，为什么要暗示"非此即彼"？值得写的东西应该被清楚地表达出来，以便被理解。为什么要让个人反应满足个人感觉呢？我们需要告诉年轻人，这种猜测是不道德的，假设是科研的仆人，个人印象对任何人都没有指导作用，预感通常是错误的，科学是消除对鬼魂恐惧的最好解药。而"我想是这样"的回答本身就是一种背叛，无论是出自虚张声势、怯懦，还是文学技巧！我认为，我们的生活最需要诚实，在教育领域，诚实的堡垒则是科学思维习惯和实实在在的知识，不辨是非的学习是获得实实在在的知识的最大障碍。这种学习伴随着命令，它无法准确无误地在阴暗和模糊的条件下区分真实的事物，只是满足于智力赌博。任何倾向于通过掷骰子的方式区分真理和错误的研究，都会导致学生自满于无法验证的结果。它仅对社会娱乐活动或对育婴室的动物拼图游戏起一定的益智作用。

第九章
社会心理学——个体心理与社会

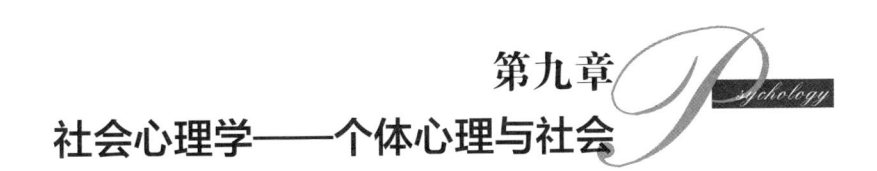

当我们把个人看作社会的一员时,由此产生的一系列问题都属于社会遗传学(social heredity)的一般理论范畴。

对这一问题的处理显示出个体心理与社会环境的正常关系,本章将涉及人们通常非常感兴趣的杰出人物、天才的本质。

社会遗传学理论是几位作者从不同角度阐释而成的。那么,什么是社会遗传?

这是一个很容易回答的问题,因为它所描述的事实非常通俗,以致读者会认为本章平庸且没有新意。社会遗传是人们从社会积累的智慧中获得的一切内容。所有世代相传的文学、艺术、社会习惯、有关社会弊病方面的经验、对犯罪的处理、危难的缓解、年轻人的教育、老人的赡养等都属于社会遗传。实际上,无论如何描述,我们都应该感谢并尊敬祖先,并珍惜与我们同在的父母。正是他们的奋斗，为我们赢得了自由，我们继承了他们的思想、智慧和英雄主义。我们呼吸着同一种社会氛围，我们的成长离不开对传统和榜样的学习。

如果这些属于社会遗产，我们可能会继续追问：谁来继承它？此外，问题还可以更进一步：生而有社会遗产的人，又是如何继承的呢？他将如何利用自己的继承权？出于什么目的以及有什么限制？这些问题很容易浮现在我们脑海中，下文将一一进行讨论。

一般来说，谁有资格获得社会遗产？我们都是这个社会的继承人。社会不会立遗嘱，这是事实，但它会留下遗产以待继承。如果由我们继承这个民族过去的财富，从某种意义上来说，我们就是历史的子孙，但也有例外。在我们宣称自己是数百年来累积的思想和行动的继承者，并且寻求合法标志之前，我们不妨为自己以及那些不能与我们一起继承社会遗产的可怜的人们提出建议。他们是那些住在精神病院、管教所及监狱里的人们，是那些通过慈善支持或通过隔离机构对其进行彻底治疗的人们。的确，有些人天生无法继承这项社会遗产，即使他们是我们这一代人。他们付出了从我们手中夺取遗产所需付出的代价，杀人犯、窃贼、自杀者和违反社会遗产法的现行犯，坟墓现在成了他们的安息之所。从广义上讲，社会是由两类人组成的，一类是继承人，另一类是生来或因其行为而丧失继承权的罪犯。

也许我们可以用朴素的自然科学术语来阐明一个人获得社会遗产的方式。自从达尔文（Darwin）提出自然选择定律以来，"变异（variation）"这个词就一直流行至今。

第九章 社会心理学——个体心理与社会

自然科学专业的学生需要寻找各种变异,这些变异是有机生命适应和进化的必要前提。我们现在知道,大自然硕果累累,她繁育出许多物种。繁殖的一个普遍事实是在数量及生活方式上,动植物的后代与繁衍它们的父母完全不同。一粒植物种子可能会被带到海洋、沙漠等处,也可能在近旁的土壤中生根和成长。昆虫的繁殖速度之快,是我们运用有限的数学思维能力所无法想象的。动物的繁殖速度也同样很快,人类有大量子女,即便每年有一半后代不幸夭折,成年人口也会逐年增加。当然,这意味着,无论社会遗产是什么,都不能被全部继承;当自然资源或家庭资源在一定程度上受到限制,并且竞争激烈时,必须有人空手离场。

现在大自然用最简单的方法解决了动物之间的问题。出生在同一家庭中的年轻人不完全一样,会发生"变异"。有些人所获得的营养更丰富,肌肉更强大,呼吸更深厚,奔跑更迅速。所以,在这些人中,"谁将继承土地、空气和水"这个问题就不言而喻了。好的变种活了下来,其他变种则被淘汰。因此,那些真正活着的个体,无论出于什么目的和意图,都是被"选中"继承遗产的,就像该物种的父辈留下遗嘱并得以执行一样。这就是"自然选择"的原则。

这种看待整体和个体分配问题的方式正成为这个时代的一种习惯。然而,应用概率原理并不能解释统计结果。也就是说,只要存在着以牺牲他人利益为代价对特定个人有利的可能性,人们就会立刻转向"变异",因为大自然似乎存在偏爱。大自然在创造万物及生物遗传时就对个体有所偏爱,而不是在它们出生后。

变异遗传原则是一个安全的假设，也适用于人类。我们看到，为了在我们父辈的社会遗产中占有一席之地，我们必须生而强大。我们生来就注定要融入社会生活，从出生到长大，必须吸收我们的社会精神。不合格者，将被社会压制。在这一点上，人类社会和动物界是有区别的。在动物界，优胜劣汰，不适应者被淘汰，但在人类社会，最不适应者被淘汰，其他人则生存下来。社会选择去除不称职的人、杀人犯、最不合群的人；自然选择则寻找最合适的人，并说，"只有你才能活下去"。这种差异是很重要的，因为它将生物学中的概念应用于社会现象，并标志着一系列主要区别。为了理解变异，我们不在此深入研究遗传原则在社会中的应用。可以用一句话来说明这种对比：在生物进化中，自然选择优胜劣汰，但在社会进步中，社会将压制不适应者。

将社会变异考虑在内，什么样的差异使人变成这样或那样？我们看到，社会如果要存续，必须对变异程度设有一定限度，这样某些人才能从社会标准中脱颖而出。

下面将讨论第二个非正式话题，即我们必须找到适合社会生活的人的最佳描述。这个问题涉及我们每个人继承社会生活中的关系财富的过程。可以说，如果一个人继承了关系财富，就代表他是社会所寻找的那个人。事实上，这是描述或找到这个人的唯一方法。社会本质上是一个不断发展变化的事物。它随着时代变化，因国家而异。希腊与罗马有各自的社会条件。即使是犯罪的界限，在两国也有所不同。在文明的低潮阶段，一个人可能会被视为普通人，但在我们这个时代，他可能会被视为弱者。这就要求我们必须对社会进行实际考察，才能确定特定社会的判断标准。没有史记考察，我们不能随便评价。

可以说，一个适合社会生活的人必须是天生的学习者。学习需要是他的基本需要。这种需要他生而有之。言语是他必须学习的第一大社会功能，伴随着言语素养发展的是阅读和写作素养。这使他学习的伟大方法（即模仿）走到了幕前。为了社交，他必须模仿、模仿、再模仿。他必须通过行动来适应所在社会群体的习俗、要求等。一切都是习得，学习不是单纯靠自己的，也不是随机盲目的，而是在周围社会条件的引导下进行的。可塑是他安全和进步所需借助的手段。因此，他融入"社会组织"之中，在社会中扮演某一的角色，并感受到了自身价值。在此基础上，他所做的贡献（如果他注定要做出贡献的话）将被奉献给世界财富。他乐于接受与他有关的人际影响，这正是我们在前一章描述过的"暗示"，影响本身就是"暗示"，即社会暗示。正如我们常说的，这些影响在不同国家表现各异。土耳其人生活中的"互让"关系体系与我们截然不同，而我们的情况也与中国大不相同。种族、部落、群体或家庭的所有特征都可以通过暗示及儿童和青年的模仿能力融入其生活。他是易受暗示的，这本身就是暗示；他生来要继承，于是他继承。这与他所在的部族和家族无关；让他通过模仿成为学习者，他会变成拥有者和教导者。

如果我们从另一个角度出发，情况会变得更加有趣，即所有社会成员都赞成学习所有人生来必须学习的相同知识。如果他们这样做了，他们就有资格继承同样的社会遗产。这个观点很普通，但内涵深远。每个社会成员都获得并给出同样的社会暗示，不同之处在于每个人的进步程度各异，而且每个人对已习得知识的变异程度不同。最后一个区别就是我们在下一章要讨论的天才。

在给予与收获过程中，在你、我、他之间的各种暗示交流过程中，逐渐形成了一种模糊的感觉，即对自身的某种社会理解，即社会精神、氛围、品位或风格。这是一种很奇特的社会精神。了解它的最好方法是进入一个不同的圈子。人们常用"离水之鱼"来形容它，但这种说法不适用于科学。接下来我想引入"判断力（judgment）"一词。每个社会都存在一种普遍的价值体系，它表现在社会习惯、惯例、制度和习俗方面，我们对社会生活的判断则建立在我们对这些价值及其安排的惯常认识基础之上，而它们在社会中或多或少是约定俗成的。例如，在小事上，亲切对待某位不友好的邻居，这表现出了良好的社会判断力；不与大街上坚持给你医治风湿病的江湖郎中争吵，这也表现出了良好的判断力。简而言之，这种人随着成长会越来越多地表现出良好的判断力，而他良好的判断力也代表了其社会背景、社区及国家的良好判断力。心理学家可能更愿意说一个人"感觉到"了这一点，也许有心理学基础的读者更愿意简单地说他有这种"感觉"，但是"判断力"的说法非常准确地符合我们现在所做的区分，我们会沿用这一说法。因此，我们得出一个普遍的立场，即合格的社会生活候选人必须有良好的判断力，这体现在人们对共同标准的判断上。

然而，一些读者可能会怀疑判断力是否是社会教育暗示的结果。这是至关重要的一点，我必须假设判断力是社会教育暗示的结果。根据我们在前一章中所说的,这就是儿童通过模仿进行学习的方式。我相信,对于任何愿意仔细观察儿童在家庭和学校中尝试按照社会习惯行事的人来说,这都是真实的。他们可能会看到我所描述的那种判断力的提高。心理学家们逐渐发现,孩子的自我感觉也是一种"逐步成就",是通过对个人环境的模仿反应逐步实现的。他对自己的想法是对他人思想的诠释,他对别人的看法则是他对积极改变自己想法的进一步适应。围绕他个人成长中的这一基本运动,他生命中的所有价值观都可以发挥作用。因此,他对周围社会关系的真实感受是他逐渐了解自己在这些关系中所处地位的结果。

从这一部分的研究中,我们可以得出结论:不适合社会的人属于判断力差的人。他们可能学到了很多,可以大体再现社会传统所要求的活动,但是,他们所做的一切,在某种程度上与维系社会运转的一般评估体系格格不入。这一点也适用于本章一开始提到的那些非社会人群。从社会的角度来讲,罪犯是判断力差的人。他们可能有一些不良遗传,神学家称其为"原罪";在目前的犯罪类型区分中,这些有"原罪"的人是"惯犯";由于犯罪对他们来说如此正常,对于未能接受社会教诲这一点,他们可能完全没有感觉。但事实仍然是,他们的判断是错误的,他们所认为正常的是社会认为不正常的。他们未能像同龄人一样接受判断力教育。又或者,犯罪分子可能仅仅是被一种良好友谊的旋涡冲昏了头脑(这种友谊代表着一种暂时的社会生活潮流);或者,他们的神经能量可能暂时被过度消耗或耗尽,以致遗忘了他们所受的社会判断力教育。也就是说:他们是"偶发性"罪犯。这类人的确是这样,他们失去了内心的平衡,屈服于诱惑,以牺牲社会理智为代价来满足私人冲动。这一切都表明，他们缺乏道德意识的支撑力，而道德意识代表着他们所处时代和地方的社会正义水平。至于智力障碍者和精神病患者，他们也没有好的判断力。

　　这就是社会遗传学说，它说明了个人在社会生活规则中顺从及默许的一面。下一章将继续讨论另一个同等重要的方面，即个人的主动性和个人思想在社会中的影响力。社会遗传强调模仿，接下来我们将讨论的天才将阐释何谓发明。

第十章
天才及其环境

天才是与众不同的人，普通人都心怀敬畏地站在他们周围。有关天才的文学作品，公众可以轻易地在图书馆获得。天才与他的同伴们经常会见证战争和血腥的失败，天才征服自然，同伴分得荣誉。众人也爱听别人讲述那些能彻底打败自然和社会之人的生活，以激发自己的勇气。听到有人撼动了欧洲的命运，并且通过违背习俗来教化社会，众人也会热血沸腾。在某种程度上，每个人在内心深处都是一个英雄崇拜者，在读卡莱尔所著的《普鲁士腓特烈大帝史》（腓特烈大帝被公认为欧洲历史上最杰出的军事统帅之一）时都会激情澎湃。

当然，这种大众观念不可能完全错误。天才确实完成了世界运动。拿破仑确实决定了欧洲的命运，而弗雷德里克（Frederick）也确实在某种意义上揭示了道德行为的新阶段。这些事实真相，正是激发普通人热情的原因。天才的成就不仅仅在于改变了人类的传统生活，还在于激发了人们阅读文学作品的热情。他们把努力的种子播种在天才的肥沃土壤中，同时带领那些没有相同天赋的人培育和照料这株幼苗。这是社会哲学不应忽视的事实，即伟人的实际行动对他们的时代产生了特殊影响，他们在文学和艺术所体现的更具启发性的社会传统中占有持久地位。

然而，心理学家必须展现这些例外情况的反面。他们必须反对那些作家们试图把天才从正常社会运动中解放出来的极端主张，因为我们只要稍加考虑，就可以看出，如果天才在世界社会进步运动中没有合理地位，那么就不可能有这种进步学说或哲学。对崇拜英雄的人来说，他们的英雄只是为了"击倒"社会上所有的正常运动，这个给予英雄生命的社会也不知是幸运还是不幸；天才的主动性、愿望及信仰，将推动社会或国家斗争朝着新的方向发展。天才突然开始行动前，没有任何人能忽视他。史实就是与天才有关的科学和哲学的一部分，记录这也是一名合格的历史学家。

天才对思想的贡献究竟有多大？如果这一贡献越过早期天才的习得及贡献，那它们与这些天才之间是否存在共同的真理？每个社会都有自己的解释，只要它没有产生新的天才。当然，也许社会构造如此，或者更确切地说，天才是如此欠缺，大脑生理上的简单变异是造成社会大灾难的充分原因，但是在宣布人类活动这一最高领域毫无意义之前（因为没有一条线可以贯穿各个时代，把人类、天才和勤劳的人联系在一起，使之共同发展），我们要做出许多努力来证明相反的事实。

在执行这项任务时，我们必须试着参照理智的社会人，即正常的社会人，来判断天才。我们上文已经对他们有所了解。他们是根据社会判断力进行判断的人。那么，从这个角度来说，我们该怎么评说天才？英雄崇拜者们能说是天才教会他们社会判断的吗？抑或天才和其他人一样，必须学会根据社会评判标准来进行判断呢？

毫无疑问，最有成果的观点认为天才是一种变异。若非如此，显然我们不可能得出任何将其纳入一般的理论。但是，变异有多大？往哪个方向变异？这是问题所在。在罪犯身上发现的遗传、精神错乱等的巨大变异，使他们被排除在社会之外；我们很可能会问为什么天才没有被排除在外。如果我们对社会决定将哪些人排除在外的界限判断是正确的，那么天才也必须落入这些界限之内。

天才的智慧（Intelligence of the Genius） 事实上，天才与普通人的区别是显而易见的。首先，正如心理学者所说，他们是思想能力很强的人，具有伟大的"建设性想象力（constructive imagination）"。我们认为与其他人相比，天才是拥有伟大的思想的一类人。这是天才被社会排斥的原因吗？当然不是，因为所谓伟大的思想，指的是真正的思想，会起作用的思想，以及通过原理发现和应用开辟新领域的思想。这正是所有发展所依赖的，即新颖性的获得，既与旧知识相一致，也是对旧知识的补充。但是，假设一个人有一些不真实和不适用的想法，且与既定的认识相矛盾，或者导致奇怪而古怪的结合，则我们不认为这种人是天才，他是一个怪人，一个煽动者，一个无政府主义者，或者什么都不是。我们对人类所表现出的智力变异所进行的检验，就是对真理的检验，简言之，是对实际可行性的检验，总结起来就是对

"适切感（fitness）"的检验。任何思想，若要生存和萌芽，都必须是合适的。社会对这种思想的适切感是判断准则。

现在，社会已经觉察到了我们所取得的巨大成果。这种适切感正是所谓的判断力。到目前为止，它至少与社会意义有关，具有社会渊源。它反映了所有社会遗传、传统和教育的结果。社会真理感是社会思想的判断标准，除非社会改革者的思想在某种程度上适合早期社会发展所形成的环境，否则他不是天才，而是一个怪胎。

要想就社会对天才的要求做最好的说明，我们只需要看天才在实际生活中与社会偏离多远。事实很简单，这也是一些作家赞同的一类事实，以便为应用其社会哲学原理提供适当的规则。这样的事实是：如果没有得到社会认可，你心目中英雄的思想，不管其是天才还是傻瓜，实际上都毫无价值。他的思想必须历经时间的洗礼。如果以他的作品来判断，在他之前的天才根本就不算天才。他的思想可能是伟大的，也许几个世纪以后，社会会实现其最丰富的思想成果和最深刻的直觉，但在此之前，他的这些思想就像疯子的幻想一样奇特而无用。这类作者可能会问，请想象一只老鼠长着人手，具有骨骼、肌肉、触觉敏感性和精细操作能力的所有机制，而它的其余部位则和老鼠一样，我们会作何感想？难道其他老鼠没有理由把这个反常的东西留在洞里饿死吗？在这里，它的怪手像绳索一样将它紧紧缠绕住。这样的老鼠是不是更像一个怪物？因为人类的手是有用的。

在一定程度上，这个论点是有说服力和正确的。如果社会效用是我们的定义规则，那么早熟的天才当然不是天才。这一定义规则可以用另一种方式来表述，使其更显合理。在社会中，智力禀赋的变异都有个平均值，从理论上讲，这个平均值就是普通人的智力禀赋的变异值。在所有人生哲学中，人与人之间的差异，在某种程度上都必须提到这个平均值。这种变异在社会环境中根本找不到自己的立足之处，得不到其他社会成员的赞同，也得不到任何同情，从而被指责是自然变异和偶然的结果。社会缺乏对这种人的倾听，使其处于一种孤立状态。这不仅给其贴上了社会怪人的标签，还打上了宇宙流浪汉的烙印。

从积极和一般的角度来看，这种观点认为人永远是社会运动的结果。他获得的待遇是衡量他对这一运动参与程度的尺度。某些变异可能产生朝着社会的合理进步方向前进的人，朝着社会的合理进步方向前进的人是真正的，也是唯一的天才。其他变异似乎极大地低估了未来，它们是"有害突变"，因为对未来的永久性低估是从过去的高度上映射出来的。

该观点显示出它最大的缺陷。我们会立刻感叹：谁会把过去当作衡量未来的尺度？谁会把社会认可作为衡量真理的标准？有什么可以遮挡诗人、发明家和先知的视野，使他们无法超越同辈，并为站在其身后的人们大声疾呼？我认为，该流派的社会哲学无法回答这些问题，也不能满足我们对历史的诉求。亚里士多德、帕斯卡和牛顿，或是那些单枪匹马、独自为历史设置路牌的人，他们把大部分真理遗产赋予了全世界。什么才能限制卓有成效的智力演变？这就是定律：变化越大，就越罕见！天才也是如此：越伟大，越罕见。人们不会让长有人手的老鼠饿死在洞里，它死后会被浸泡酒精，并被保存在博物馆里！它留给智慧的生物学家的启示是：在这只老鼠身上，大自然已经显示出她的天赋，不理会缓慢的进化过程。

事实上，正是这种力量导致许多观点证明天才与他那个时代的社会运动完全脱节。无论社会愿意与否，天才都会为社会带来变化。至于两者之间的和谐，则是一种结果，而不是期望或理论问题。我们被告知天才是大脑变异的结果，其生理遗传和社会传统之间没有任何联系。

但是，正如我们有理由认为的那样，从生理遗传和社会遗传之间实际的相互作用来看，这种说法站不住脚。可以肯定的是，个体遗传是一个生理问题，从这个意义上说，子辈必定只遗传自其先辈。但是，若某对夫妇是他的父母，我们可能会问这两个人是如何成为他父母的。他的父母是如何婚嫁的？这显然是一个社会问题，所有社会影响和暗示都有助于解决这个问题。谁在挑选妻子时不会受社会因素影响？车夫有同等机会迎娶获得大笔遗产的女继承人吗？铁匠能与牧师女儿结婚吗？牧场主和干货店店员能融入纽波特[1]社交圈吗？伯爵和侯爵们能够融入不是社会和心理影响导致的吗？此外，又是什么导致伯爵和侯爵把头衔高悬于纽波特门上，而牧场主和干货店店员却只能退缩远离？这两种求婚者都根据其社会和心理原因来估计自身机会。小说家们已经敲响了警钟，警示了社会影响对生理遗传过程的入侵。布尔热在《都市》中描绘了社会种族特征对生理遗传的影响，生理遗传又对新的社会条件产生了反应。

巴尔扎克的《猫打球商店》在某种程度上赞赏了我们对社会因素的考量。卡西吉亚诺公爵对索默维厄夫人说："亲爱的，我对上流社会太熟悉

---

[1] 纽波特（New Port）为新英格兰的避暑胜地，以豪宅之多而闻名。

了，我可不愿无条件地跟随一个那样有才能的人。您该明白：让这些人来追求我们是好的，可是如果和他们结婚，那就犯了严重的错误！我们应该把他们当作一出戏那样欣赏，可是千万不要和他们共同生活！和天才一起生活，就等于不坐在包厢里欣赏天才的歌剧，却跑到后台看布景的机关。"可以肯定的是，当我们坠入爱河时，我们通常不会明智地深思熟虑，但这是不必要的，因为我们的社会环境会通过判断力和适应力等无形的审议来确定基调。假定大量倡导社会平等的北方人移居美国南部，并按照他们的理论与黑人通婚，那么，社会理论是否违背了生理血统的发展，而导致合法混血社会的产生？一个新种族可能源于这种纯粹的心理或社会计划。

因此，尽管我们不同意这种使天才独立于社会运动的理论，也不赞成物质遗传不受社会条件影响的学说，然而，英雄崇拜者在这方面是正确的——他们认为我们不能把天才的局限性置于高智力禀赋变异之上。因此，如果天才是某种变异的一般立场是正确的，那么我们就要寻找天才之所以为天才的原因。这与我们对普通人的另一个要求有关，即要求他是一个有判断力的人。现在我们可以转到这个问题上。

天才的判断力（Judgment of the Genius）　　在探讨这一主题时，我们应该牢记社会关系的互惠性所带来的结果。任何天才都无法逃避为其习得及社会遗传而制订的要求。从心理上讲，他与对他做出判断的同胞们一样，都是社会产物，因此，他必须像别人那样判断自己的思想。他对事物和想法的正确估计以及相对的适切感，会通过心理过程规律直接影响自身的创作。在社会判断中，他的变异所不能超越的局限性也是由他自己的判断力设定的。如果从社会角度说这个人的思想是正确的，那么他本身必须知道这些思想是正确的。因此，关于天才可能具有的特殊思想，我们得出了一个结论：他和社会必须就其适切性达成共识，尽管在某些情况下，这种共识不再是重点。最重要的是，要在思想者自己的判断中反映出社会的标准，思想思维必须始终由思想家本人辩证地评判，而他的判断在很大程度上也是社会判断的结果。这一点在下文将进一步说明。

以那个思想激进、毫无适切感的人为例，社会对他不做任何判断。他每小时都会有大量发现。他的奇思妙想只会吸引更多的钦佩者。他会拿出他最奇妙的计划，像真正的发明家那样胸有成竹地大肆炫耀。但是，这样的人并不是天才。如果他对某些事的胡言乱语无伤大雅，我们就微笑着让他说话，但如果他对重要的事情也缺乏判断力，或者在其他关系中存在对自己和社会的错觉，我们会将其作为精神病患者送入病房。判断力受损的最常见的两种形式表现在这两种人身上，一种是"固定观念"（fixed ideas）的受害者，另一种则是崇高之人。这些人没有真正的价值观，无法从不恰当中选出恰当的想象力组合；即使这种人的病态心灵中掠过一些超然真实和独创的想法，它们也会来得快，去得也快，而这个世界会等待有适切感的人出现并重新发现这些想法。另一类高贵之人则相反，他们幻想自己非常伟大，以致他们自认为其思想是绝对可靠的，其本身则是神圣的。

在现实生活中，这样判断力扭曲的人很常见，他们似乎充满了丰富多彩的思想，他们有时凭借自身的构想力量或创造之美来吸引我们。但在这些思想中，我们却发现了一些不协调、明显不适切的因素，一些怪诞的东西，对普遍真理的过度赞美和贬低，以及审美印象中有些丑陋的特征。但他本人并不自知，他的适切感极差或已被破坏了。令周围的人感到遗憾的是，他是如此"有远见"，有才华，所以我们安慰自己，容忍他的徒劳无益，最多只会被他的魅力短暂折服。这种人当然不是撬动世界之人。

大多数"怪人"都是这类人。他们基本上缺乏判断力，民众对他们的估计完全正确。

因此，从最后一种解释中我们可以明显看出，人与人之间存在第二种差异：他们对真理的认识，对自己思想价值的认识，以及对他人思想的认识。这是天才与普通人共有的一个巨大局限性，这是他在进行社会判断时可能会表现出的变异的局限性，特别是当这些变异影响到了社会对他的认可。很明显，这一定是评估我们所崇拜英雄的一个重要因素，尽管这是英雄气质中较为晦涩的一面，而这一面通常被完全忽略了。在下文的进一步阐述中，我们将其称为天才的"社会理智（social sanity）"。

在教育对性格的影响中，我们发现了社会变异的第一个迹象，它超越了社会对伟大思想家的宽容程度。正如我们所看到的那样，社会纪律主要有利于减少古怪行为，使个人特质趋于稳定。所有继承社会遗产的人都从过去汲取了许多伟大的经验教训，并且所有人在受教育的成长时期，都从家庭和学校中习得了社会生活所需的判断力。因此，我们应该预料到，性格中更大的奇异性会很早显现出来，这种奇异性代表着社会同化过程中无法克服的困难。在这里，真正的冲突来自冲动和社会约束之间的斗争。许多天才智力天赋的保持应归功于教师和通过服从所学到的纪律。也有许多人小时聪慧，长大后变得平庸。他们追随幻觉，社会则会宣布他们疯了。在这种情况下，个人因素已经战胜了社会因素。他们在学校教育中失败了，他们的自我批评没有纪律性，他们没有达成目标。

然而，这两种极端变化并不能穷尽所有情况。第一种倾向于对天才散发出的模糊光芒进行判断；第二种则是排斥社会约束，这在某种程度上把未来的天才变成了怪人。普通人则是衡量标准。但是，人类最大的成就以及人类有史以来最大的影响力，仍然远不止这两个方面。崇拜英雄的人可能仍然会说，天才应该拥有理智和健康的判断力，但这是不够的。事实仍是，即使在他进行社会判断时，他仍然可以指导社会。他可以屹然独立，仅凭一己之力让同伴们站在有利位置，惠人达己，得到永恒的赞美。甚至可以说，他必须具有自我批评的能力，以及我们所说的适切感，这种意识可能会超越同伴们庸俗的判断力。他的判断可能更明智，而且由于他的智力创造是伟大而独特的，因此他对真理的感知可能是完整而独特的。瓦格纳（Wagner）一心献身于音乐事业，并希望引领音乐界；达尔文忠实于他的真理感和他的思想，虽然没有人赋予他教育后代的权力。可以肯定的是，天才的神佑常常是假的，庸俗的梦想家的神佑却常常是真的。但是，尽管如此，当某个天才拥有它时，就不再是庸俗的梦想家。

我对此持认同态度，对它的解释使我们最后一次卓有成效地应用了变异理论。正如男性的智力禀赋有宽广的变异范围，男性的社会资质也是如此。有些人发现为社会服务是他们的使命。有些人天生就在社会改革、行政事务、组织、规划社会活动中成为领头羊，我们则出自本能地追随他们。他们有一种让人屈从的洞察力。他们可以获得男性的信任，赢得女性的支持，也能激发孩子们的欢呼喝彩。这些人是社会天才。他们似乎预料到了社会教育的纪律，他们不需要从社会环境中习得。

现在，这些人无疑代表了一种变异，一种最微妙和独特的暗示。他们超越了自己的老师，很难说他们"通过社会判断学习判断"。他们似乎不是通过习得进行判断的，但不同于那些怪异的人，他们不会因为怪异的性格而阻碍习得社会纪律。这两种变异是相反的极端。这是航行速度快于风的冰船与逆风而行的滑冰者之间的区别。后者很快被击败，前者则踏风而行。怪人、怪癖者、狂热者都与理智的社会判断背道而驰，天才则引领社会走进他们自己的视野，并以如此准确、深刻的洞察力去诠释社会运动。他们有如此深刻的洞察力，以致他们的灵感得到了更大的释放。

现在让他们用其深刻的洞察力，把这种非凡的社会判断力和伟大的创造性、建设性思想结合起来，然后，我们终于拥有了天才、英雄和值得崇拜的人！他们为伟大思想添彩，为独创性增添了判断力。如果我们需要一个人来发起世界运动，他就是这个人。因为当他深思熟虑的时候，会公正地辨别自己的思想，并为其赋予价值。他的同伴们与他一起做出决断，或学会跟从他，并用热情与赞扬给予他成功的动力。他可能有朝一日被认可，他可能会被监禁，他可能会因自己的思想而被压制，他可能会与真理一起死亡。但是，随着世界的缓慢发展，世界会朝着他希望引领世界前进的方向发展。如果是这样，他的思想会被记录下来，后代会在他的墓碑上刻下值得铭记的文字。

因此，在伟人的理性智慧上要强调两个方面，如果用合理的术语解释，那就是：第一，智力独创性；第二，理性的判断力。正是第二种禀赋的变异，为当今流行文学中的少数观点提供了依据。

一方面，我们被告知，天才是"堕落之人"（degenerate）；另一方面，他们被归为有着"疯狂"（insane）脾气的人，而且他们的主要特点是随时会通过犯罪行为来激怒社会。所有这些所谓的理论都依赖事实，只要它们有事实依据。这一点，我们很容易就能依据目前的观点进行估计。如果一个真正伟大的人专注于客观的事物——这些事物在社会上和道德上都是中立的，比如电、自然历史、机械理论，那么随着这些事物的应用，他的精神力量变得更重要，而他对这些事物的专注可能会导致一种扭曲的感觉，这种感觉与更为理想和精致的关系有关。学者在寻找"堕落之人"时会看到这一现象。然而，那些熟悉科学史的人仍然会承认，最伟大的科学天才的生活极为安静，社交关系正常，而文艺天才却很不正常，事实确实如此。一般来说，这些艺术天才并不代表我们在最伟大的天才中发现的变异结合。这些人往往明显缺乏持续建设性思维的能力。他们的洞察力主要来源于所谓的直觉。他们具有情感体验的闪光片段，这些片段凝结成单一的艺术作品。由于他们主要依赖于"灵感"，这类人会有过多幻想或被高估。这并不是说他们在几个有"灵感"的领域中表现不出色，而是说他们是偏才，且常常表现出某种零散的智力禀赋。伟大的艺术家经常表现出情感和审美境界的剧烈变化，并在其他方面带有遗传的不规则性。此外，在别人对他的评论中，在履行自己的社会责任时，他以灵感为生的生活习惯使半隐藏的特点凸显出来。但请注意，我并没有抹杀许多所谓"堕落之人"艺术作品的精湛，那些是天才的最好表现，

第十章 天才及其环境

一些最崇高和令人陶醉的灵感来源,对我们来说,则是随意的和不合理的。但我仍然要说的是,在一些领域中,这些人为我们带来感动和指引。在这些领域中,他们理智地凌驾于一切事物之上,而在另一些领域中,他们神经错乱,无法履行天赋需履行的最高职能,即教诲人类,这也是对天才的合理要求。

巴尔扎克笔下的人物再次切中要害。奥古斯丁(Augustine)在《猫打球商店》中说:"我亲爱的妈妈,请你不要过分严格地批评那些高超的人。如果他们的想法都和其他人一样,那么他们就不能被称为天才了。"

纪尧姆太太(Madame Guillaume)说:"好呀,让这些天才躲在家里不要结婚吧。怎么!一个天才使他的妻子痛苦,难道他有天份,就该认为这也是一件好事吗?天才,天才!像他那样整天说黑道白,专门打断人家的话头,在家吆五喝六,永远不让你知道拿什么主意好,强迫妻子跟着他,他喜则喜,他悲则悲,这些都算是天才吗?"

"可是,妈,这些想象力的真正意义是……"

"什么叫这些想象力?"纪尧姆太太再一次打断她女儿的话头,"他倒真会胡思乱想哩!一个人没问过医生,就突然间像疯子般只吃蔬菜,这是什么意思?哼!让我说,如果他还有些道德的话,他就应该去住疯人院。"

"呀!妈!你难道相信……"

"是的,我相信!我记得在爱丽舍田园大道遇见过他,他骑着马。你猜怎么着?他一会儿飞快地放马奔驰,一会儿勒紧了缰绳让马儿慢慢地走,我当时就想:这是个没有主意的人!"

本章旨在说明:社会对判定一个人是伟大还是平凡的标准和要求是相同

的，他们可以通过人们对查尔斯·达尔文的评价了解这一点。我们也应该探寻变异原理和自然选择原理。这为我们的推论提供了基本例证。达尔文是除亚里士多德之外，人类思想史上最明智及最有判断力的人。他以极为恰当的方式展现了迄今为止科学方法的进步，他受过前辈所有自然科学的训练，他的判断力是最古老科学见解的缩影。科学数据已积累足够多了，进化论这种具有建设性的思想出现的时机成熟了。他当时的判断与同时代科学工作者的判断不同，更加可靠、安全。达尔文是一位伟大的建设性思想家。他有智慧的力量，其判断影响了每个人。事实上，达尔文并不是第一个根据其伟大发现进行推测的人，也不是第一个得出理论的人，但其他人则用猜测代替了归纳。他的理论是无法辩驳的思想理论。思想家因缺乏证据而无法提供证据，因此社会否认了该假设的合理性。如果没有达尔文的出现，进化问题就只剩下希腊思想的推测了。英国伟大科学天才牛顿将达尔文得出的结论描述为"冷静思考后的结论"；在得出这一结论后，他别无选择，只能将其判断为真理并向全世界宣告。

但是自然选择的变异原则受到了欢迎，这表明出身差的人也可以有良好的判断力。尽管达尔文原理在人类思想的许多领域引起广泛的骚乱，但它注定要带来与有机生命科学同样的革命。直到同样拥有公众权威和足够信息的其他人追随达尔文思想并支持他的判断，他的理论才得以在科学界流行。

现在我们可能会问：任何一种忽略达尔文、亚里士多德、安杰洛（Angelo）、列奥纳多（Leonardo）、牛顿、莱布尼茨和莎士比亚（Shakespeare）最高理智的理论，难道不显得软弱和微不足道吗？情感细腻、才华横溢等说法，就像亵渎天才这个称呼的咒语一样。道德不规范或社会缺陷尤其会使这种亵渎成为现实，这些都给"堕落"之说增添了某种合理性！

但是，另一方面，为什么要走另一个极端，把这位最高贵伟大的人变成一个异类、一位奇才、一种极度混乱的因素，说他生来就是为了促进或阻碍人类进步？正如我所努力表明的那样，心理学理论的资源足以建立一种基于个人的社会学说，在这种学说中，遗传过程会伴随着变异；它既不隐藏也不掩盖人类伟大的高度，而天才的光环不会止步于这些高度。在天才面前，我们不只惊叹，还要尊重和敬畏我们的知识，只有这样我们才能懂得，正因为有这些天才，世界才变得更好。

我们发现，自己也可能是社会心理学家和英雄崇拜者。通过成为哲学家，我们的崇拜更像是对人性的致敬。异教徒在陌生神像前屈服于恐惧或敬畏之情，可能会表达出他所知道的一切敬拜，但是，通过知识和爱找到神性的灵魂，却有另一种交融。因此，崇拜的产生是因为无法解释和具有灾难性的事物，是无知产生的敬畏。如果有一种哲学把伟大与平凡联系在一起，勾画出只有在人类身上才会出现的庄严力量，使我们能够把我们最好的一面与伟人的欠缺之处做对比，我们就会表现出明智的敬意。地球上最伟大的人像我们一样思考，但思考得更深刻；像我们一样观察，但观察得更清晰；像我们一样为目标而努力，但行动更迅速；像我们一样为人类服务，但表现得更好。我也许稍显谦逊，但这也正是我的人生感悟。

参考文献[1]

普通心理学系统论著

《感官和智力》(*The Senses and the Intellect*)，作者：Bain，（纽约：Appletons，伦敦：Longmans出版）。

《情感与意志》(*The Emotions and the Will*)，作者及出版信息同上。

《心理学原理》(*Principles of Psychology*)第二卷，作者：James，（纽约：Holt & Co.伦敦：Macmillans出版精简版）。

《描述性和解释性心理学》(*Psychology, Descriptive and Explanatory*)，作者：Ladd（纽约：Scribners，伦敦：Longmans出版，描述心理学要素精简版）。

《分析心理学》(*Analytic Psychology*)第二卷，作者：Stout，（伦敦：Sonnenschein，纽约：Macmillans出版）。

---

[1] 仅为英文书籍。书目排序无特殊意义。

《人类与动物心理学讲座》（*Lectures on Human and Animal Psychology*），作者：Wundt，出版信息同上。

《心理学概论》（*Outlines of Psychology*），作者：Höffding，（Macmillans出版）。

《思想的力量》（*The Power of Thought*），作者：Sterrett，（纽约：Scribners出版）。

《心理学手册》（*Handbook of Psychology*）第二卷，作者：Baldwin，（纽约：Holt，伦敦：Macmillans出版，心理学要素精简版）。

Appletons百科全书所载文章（纽约：Appletons出版）。

儿童心理学

《儿童心理学》第二卷（*The Mind of the Child*），作者：Preyer，（纽约：Appletons出版）。

《儿童的智力和道德发展》第二卷（*Intellectual and Moral Development of the Child*），作者：Compayré，（纽约：Appletons出版）。

《儿童研究》（*Studies of Childhood*），作者：Sully，（纽约：Appletons，伦敦：Longmans出版）。

《儿童和种族的心理发展》（*Mental Development in the Child and the Race*），作者：Baldwin，（纽约及伦敦：Macmillans出版）。

生理心理学

《生理心理学导论》（*Introduction to Physiological Psychology*），作者：Ziehen，（伦敦：Sonnenschein，纽约：Macmillans出版）。

《生理心理学要素》（*Elements of Physiological Psychology*），作者：Ladd，（纽约：Scribners，伦敦：Longmans出版）。

《大脑的发育》（*The Growth of the Brain*），作者：Donaldson，（伦敦：Walter Scott，纽约：Scribners出版）。

实验心理学

《心理学概论》（*Outline of Psychology*），作者：Külpe，（伦敦：Sonnenschein，纽约：Macmillans出版）。

《实验心理学课程》（*Course in Experimental Psychology*），作者：Sanford，（波士顿：Heath & Co.出版）。

《新心理学》（*The New Psychology*），作者：Scripture，（伦敦：Walter Scott，纽约：Scribners出版）。

动物与进化心理学

《动物与人的心理进化》第二卷（*Mental Evolution in Animals and*

Man），作者：Romanes，（纽约：Appletons出版）。

《动物智力》（*Animal Intelligence*），（纽约：Appletons出版）。

《达尔文和达尔文之后》第三部分（*Darwin and After Darwin*），（芝加哥：Open Court Company，伦敦：Longmans出版）。

《比较心理学》（*Comparative Psychology*），作者：C. Lloyd Morgan，（伦敦：W. Scott.纽约：Scribners出版）。

《动物生命与智力》（*Animal life and Intelligence*），（伦敦及纽约：Arnold出版）。

《习惯与本能》（*Habit and Instinct*），出版信息同上。

《动物的游戏》（*The Play of Animals*），作者：Groos，（纽约：Appletons，伦敦：Chapman & Hall出版）。

《心理学原理》第二卷（*Principles of Psychology*），作者：Spencer，（纽约：Appletons出版）。

《拉普拉塔的博物学家》（*The Naturalist in La Plata*），作者：Hudson，（伦敦：Chapman & Hall出版）。

《人类的起源》（*Descent of Man*），作者：达尔文，（纽约：Appletons出版）。

《物种起源》（*Origin of Species*），出版信息同上。

《达尔文主义》（*Darwinism*），作者：Wallace，（纽约及伦敦：Macmillans出版）。

《感觉的进化心理学》（*The Evolutionary Psychology of Feeling*），作

者：Stanley，（伦敦：Sonnenschein，纽约：Macmillans出版）。

《儿童和种族心理发展》（*Mental Development in the Child and the Race*），作者：Baldwin，（纽约及伦敦：Macmillans出版）。

心理缺陷和疾病

《心理病理学》（*Pathology of Mind*），作者：Maudsley，（Macmillans出版）。

《常见神经疾病》（*Familiar Forms of Nervous Disease*），作者：Starr，（纽约：Wood出版）。

《语言能力》（*The Faculty of Speech*），作者：Collins，（Macmillans出版）。

《天才与堕落》（*Genius and Degeneration*），作者：Hirsch，（Appletons出版）。

《心理医学词典》（*Dictionary of Psychological Medicine*），作者：Tuke，（费城：Blakiston出版）。

催眠和相关话题

《催眠》（*Hypnotism*），作者：Moll，（纽约：Scribners，伦敦：Scott出版）。

《人格改变》（*Alterations of Personality*），作者：Binet，（纽约：Appletons，伦敦：Chapman & Hall出版）。

《幻觉》（*Hallucinations and Illusions*），作者：Parish，（纽约：Scribners，伦敦：Scott出版）。

社会和伦理心理学

《模仿定律》（*The Laws of Imitation*），作者：Tarde，（纽约：Holt出版）。

《群体》（*The Crowd*），作者：Le Bon，（伦敦：Scott，纽约：Scribners出版）。

《善恶研究》（*Studies in Good and Evil*），作者：Royce，（Appletons出版）。

《心理发展中的社会伦理解读》（*Social and Ethical Interpretations in Mental Development*），作者：Baldwin，（Macmillans出版）。

教育心理学

《论教育》（*On Education*），作者：Spencer，（Appletons出版）。

《教育与遗传》（*Education and Heredity*），作者：Guyau，（Scribners出版）。

《心理学在教育中的应用》（*The Application of Psychology to Education*），作者：Herbart，（Scribners出版）。

《教育的心理学基础》（*The Psychologic Foundations of Education*），作者：Harris，（Appletons出版）。

哲学

《哲学概论》（*Introduction to Philosophy*），作者：Paulsen，（Holt出版）。

《现代哲学精神》（*The Spirit of Modern Philosophy*），作者：Rovce，（波士顿：Houghton, Mifflin & Co.出版）。

《哲学的基本概念》（*Basal Concepts to Philosophy*），作者：Ormond，（Scribners出版）。

《信仰的意志》（*The Will to Believe*），作者：James，（Longmans出版）。

心理学和哲学（整个领域）

《鲍德温的哲学和心理学词典》（*Baldwin's Dictionary of Philosophy and Psychology*），有完整的书目，法语、德语、意大利语等版本（Macmillans出版）。

未分类

《社会学原理》(*Principles of Sociology*)，作者：Spencer，（Appletons出版）。

《社会学原理》(*Principles of Sociology*)，作者：Giddings，（Macmillans出版）。

《社会哲学导论》(*Introduction to Social Philosophy*)，作者：Mackensie，（Macmillans出版）。

《痛苦、快乐与美学》(*Pain, Pleasure, and Esthetics*)，作者：Marshall，（Macmillans出版）。

《对人类能力的探讨》(*Inquiries into Human Faculty*)，作者：Galton，（Macmillans出版）。

《自然遗传》(*Natural Inheritance*)，（Macmillans出版）。

《死亡的机会》(*The Chances of Death*)，作者：Pearson，（Arnold出版）

刊物

《心理学评论》(*The Psychological Review*)，（Macmillans出版）。

《美国心理学杂志》(*The American Journal of Psychology*)，（伍斯特：Orpha，expeimental出版）

《心理》(*Mind*)，（伦敦：Williams & Norgate出版，以哲学为主）。